2100.-

MARIO VARGAS LLOSA

CARTAS A UN JOVEN NOVELISTA

La Línea del Horizonte

MARIO VARGAS LLOSA

CARTAS A UN JOVEN
NOVELISTA

Ariel / PLANETA

Colección: La Línea del Horizonte

© Mario Vargas Llosa, 1997
© Editorial Planeta, S. A., 1997. Córcega, 273-279, 08008 Barcelona (España)

Diseño de la cubierta: Joan Batallé
Ilustración de la cubierta: foto © Chema Conesa/El País

Primera edición: octubre de 1997. Depósito Legal: B. 32.129-1997
ISBN 84-08-02218-0
Composición: Foto Informática, S. A.
Impresión: Liberduplex, S. L.
Encuadernación: Cervantes Encuadernación, S. L.
Printed in Spain - Impreso en España

Índice

I

PARÁBOLA DE LA SOLITARIA

Querido amigo:

Su carta me ha emocionado, porque, a través de ella, me he visto yo mismo a mis catorce o quince años, en la grisácea Lima de la dictadura del general Odría, exaltado con la ilusión de llegar a ser algún día un escritor, y deprimido por no saber qué pasos dar, por dónde comenzar a cristalizar en obras esa vocación que sentía como un mandato perentorio: escribir historias que deslumbraran a sus lectores como me habían deslumbrado a mí las de esos escritores que empezaba a instalar en mi panteón privado: Faulkner, Hemingway, Malraux, Dos Passos, Camus, Sartre.

Muchas veces se me pasó por la cabeza la idea de escribir a alguno de ellos (todos estaban vivos entonces) y pedirle una orientación sobre cómo ser un escritor. Nunca me atreví a hacerlo, por timidez, o, acaso, por ese pesimismo inhibitorio —¿para qué escribirles, si sé que ninguno se dignará contestarme?— que suele frustrar las vocaciones de muchos jóvenes en países donde la literatura no significa gran cosa para la mayoría y sobrevive en los márgenes de la vida social, como quehacer casi clandestino.

Usted no ha experimentado esa parálisis puesto que me ha escrito. Es un buen comienzo para la aventura que le gustaría emprender y de la que espera —estoy seguro, aunque en su carta no me lo diga— tantas maravillas. Me atrevo a sugerirle que no cuente demasiado con ello, ni se haga muchas ilusiones en cuanto al éxito. No hay razón alguna para que usted no lo alcance, desde luego, pero, si persevera, escribe y publica, pronto descubrirá que los premios, el reconocimiento público, la venta de los libros, el prestigio social de un escritor, tienen un encaminamiento sui géneris, arbitrario a más no poder, pues a veces rehúyen tenazmente a quienes más los merecerían y asedian y abruman a quienes menos. De manera que quien ve en el éxito el estímulo esencial de su vocación es probable que vea frustrado su sueño y confunda la vocación literaria con la vocación por el relumbrón y los beneficios económicos que a ciertos escritores (muy contados) depara la literatura. Ambas cosas son distintas.

Tal vez el atributo principal de la vocación literaria sea que quien la tiene vive el ejercicio de esa vocación como su mejor recompensa, más, mucho más, que todas las que pudiera alcanzar como consecuencia de sus frutos. Ésa es una de las seguridades que tengo, entre muchas incertidumbres sobre la vocación literaria: el escritor siente íntimamente que escribir es lo mejor que le ha pasado y puede pasarle, pues escribir significa para él la mejor manera posible de vivir, con prescindencia de las consecuencias sociales, políticas o económicas que puede lograr mediante lo que escribe.

La vocación me parece el punto de partida indispensable para hablar de aquello que lo anima y angustia: cómo se llega a ser un escritor. Es un asunto misterioso, desde luego, cercado de incertidumbre y subjetividad. Pero ello no es obstáculo para tratar de explicarlo de una manera racional, evitando la mitología vanidosa, teñida de religiosidad y de soberbia, con que la rodeaban los románticos, haciendo del escritor el elegido de los dioses, un ser señalado por una fuerza sobrehumana, trascendente, para escribir aquellas palabras divinas a cuyo efluvio el espíritu humano se sublimaría a sí mismo, y, gracias a esa contaminación con la Belleza (con mayúscula, por supuesto), alcanzaría la inmortalidad.

Hoy nadie habla de esta manera de la vocación literaria o artística, pero, a pesar de que la explicación que se ofrece en nuestros días es menos grandiosa o fatídica, ella sigue siendo bastante huidiza, una predisposición de oscuro origen, que lleva a ciertas mujeres y hombres a dedicar sus vidas a una actividad para la que, un día, se sienten llamados, obligados casi a ejercerla, porque intuyen que sólo ejercitando esa vocación —escribiendo historias, por ejemplo— se sentirán realizados, de acuerdo consigo mismos, volcando lo mejor que poseen, sin la miserable sensación de estar desperdiciando sus vidas.

No creo que los seres humanos nazcan con un destino programado desde su gestación, por obra del azar o de una caprichosa divinidad que distribuiría aptitudes, ineptitudes, apetitos y desganos entre las flamantes existencias. Pero, tampoco creo, ahora, lo que en algún momento de mi juventud, bajo la influencia del voluntarismo de los existencialistas franceses —Sartre, sobre todo—, llegué a creer: que la vocación era también una *elección*, un movimiento libre de la voluntad individual que decidía el futuro de la persona. Aunque creo que la vocación literaria no es algo fatídico, inscrito en los genes de los futuros escritores, y pese a que estoy convencido de que la disciplina y la perseverancia pueden en algunos casos producir el genio, he llegado al convencimiento de que la vocación literaria no se puede explicar sólo como una libre elección. Ésta, para mí, es indispensable, pero sólo en una segunda fase, a partir de una primera disposición subjetiva, innata o forjada en la infancia o primera juventud, a la que aquella elección racional viene a fortalecer, pero no a fabricar de pies a cabeza.

Si no me equivoco en mi sospecha (hay más posibilidades de que me equivoque de que acierte, por supuesto), una mujer o un hombre desarrollan precozmente, en su infancia o comienzos de la adolescencia, una *predisposición* a fantasear personas, situaciones, anécdotas, mundos diferentes del mundo en el que viven, y esa proclividad es el punto de partida de lo que más tarde podrá llamarse una vocación literaria. Naturalmente, de esa propensión a apartarse del mundo real, de la vida verdadera, en alas de la imaginación, al ejercicio de la literatura, hay un abismo que la gran mayoría de seres humanos no llega a franquear. Los que lo hacen y llegan a ser creadores de mundos mediante la palabra escrita, los escritores, son una minoría, que, a aquella predisposición o tendencia, añadieron ese movimiento de la voluntad que Sartre llamaba *una elección*. En un momento dado, decidieron ser escritores. Se eligieron como tales. Organizaron su vida para trasladar a la palabra escrita esa vocación que, antes, se contentaba con fabular, en el impalpable y secreto territorio de la mente, otras vidas y mundos. Ése es el momento que usted vive ahora: la difícil y apasionante circunstancia en que debe decidir si, además de contentarse con fantasear una realidad ficticia, la materializará mediante la escritura. Si decide hacerlo, habrá dado un paso importantísimo, desde luego, aunque ello no le garantice aún nada sobre su futuro de escritor. Pero, empeñarse en serlo, decidirse a orientar la vida propia en función de ese proyecto, es ya una manera —la única posible— de empezar a serlo.

¿Qué origen tiene esa disposición precoz a inventar seres e historias que es el punto de partida de la vocación de escritor? Creo que la respuesta es: la rebeldía. Estoy convencido de que quien se abandona a la elucubración de vidas distintas a aquella que vive en la realidad manifiesta de esta indirecta manera su rechazo y crítica de la vida tal como es, del mundo real, y su deseo de sustituirlos por aquellos que fabrica con su imaginación y sus deseos. ¿Por qué dedicaría su tiempo a algo tan evanescente y quimérico —la creación de realidades ficticias— quien está íntimamente satisfecho con la realidad real, con la vida tal como la vive? Ahora bien: quien se rebela contra esta última valiéndose del artilugio de crear otra vida y otras gentes puede hacerlo impulsado por sinnúmero de razones. Altruistas o innobles, generosas o mezquinas, complejas o banales. La índole de ese cuestionamiento esencial de la realidad real que, a mi juicio, late en el fondo de toda vocación de escribidor de historias no importa nada. Lo que importa es que ese rechazo sea tan radical como para alimentar el entusiasmo por esa operación —tan quijotesca como cargar lanza en ristre contra molinos de viento— que consiste en reemplazar ilusoriamente el mundo concreto y objetivo de la vida vivida por el sutil y efímero de la ficción.

Sin embargo, pese a ser quimérica, esta empresa se realiza de una manera subjetiva, figurada, no histórica, y ella llega a tener efectos de largo aliento en el mundo real, es decir, en la vida de las gentes de carne y hueso.

Este entredicho con la realidad, que es la secreta razón de ser de la literatura —de la vocación literaria—, determina que ésta nos ofrezca un testimonio único sobre una época dada. La vida que las ficciones describen —sobre todo, las más logradas— no es nunca la que *realmente* vivieron quienes las inventaron, escribieron, leyeron y celebraron, sino la ficticia, la que debieron artificialmente crear porque no podían vivirla en la realidad, y por ello se resignaron a vivirla sólo de la manera indirecta y subjetiva en que se vive esa otra vida: la de los sueños y las ficciones. La ficción es una mentira que encubre una profunda verdad; ella es la vida que no fue, la que los hombres y mujeres de una época dada quisieron tener y no tuvieron y por eso debieron inventarla. Ella no es el retrato de la Historia, más bien su contracarátula o reverso, aquello que no sucedió, y, precisamente por ello debió de ser creado por la imaginación y las palabras para aplacar las ambiciones que la vida verdadera era incapaz de satisfacer, para llenar los vacíos que mujeres y hombres descubrían a su alrededor y trataban de poblar con los fantasmas que ellos mismos fabricaban.

Esa rebeldía es muy relativa, desde luego. Muchos escribidores de historias ni siquiera son conscientes de ella, y, acaso, si tomaran conciencia de la entraña sediciosa de su vocación fantaseadora, se sentirían sorprendidos y asustados, pues en sus vidas públicas no se consideran en absoluto unos dinamiteros secretos del mundo que habitan. De otro lado, es una rebeldía bastante pacífica a fin de cuentas, porque ¿qué daño puede hacer a la vida real el oponerle las vidas impalpables de las ficciones? ¿Qué peligro puede representar, para ella, semejante competencia? A simple vista, ninguno. Se trata de un juego ¿no es verdad? Y los juegos no suelen ser peligrosos, siempre y cuando no pretendan desbordar su espacio propio y enredarse con la vida real. Ahora bien, cuando alguien —por ejemplo, don Quijote o madame Bovary— se empeña en confundir la ficción con la vida, y trata de que la vida sea como ella aparece en las ficciones, el resultado suele ser dramático. Quien actúa así suele pagarlo en decepciones terribles.

Sin embargo, el juego de la literatura no es inocuo. Producto de una insatisfacción íntima contra la vida tal como es, la ficción es también fuente de malestar y de insatisfacción. Porque quien, mediante la lectura, *vive* una gran ficción —como esas dos que acabo de mencionar, la de Cervantes y la de Flaubert— regresa a la vida real con una sensibilidad mucho más alerta ante sus limitaciones e imperfecciones, enterado por aquellas magníficas fantasías de que el mundo real, la vida vivida, son infinitamente más mediocres que la vida inventada por los novelistas. Esa intranquilidad frente al mundo real que la buena literatura alienta, puede, en circunstancias determinadas, traducirse también en una actitud de rebeldía frente a la autoridad, las instituciones o las creencias establecidas.

Por eso, la Inquisición española desconfió de las ficciones, las sometió a estricta censura y llegó al extremo de prohibirlas en todas las colonias americanas durante trescientos años. El pretexto era que esas historias descabelladas podían distraer a los indios de Dios, la única preocupación importante para una sociedad teocrática. Al igual que la Inquisición, todos los gobiernos o regímenes que aspiran a controlar la vida de los ciudadanos han mostrado igual

14

desconfianza hacia las ficciones y las han sometido a esa vigilancia y domesticación que es la censura. No se equivocaban unos y otros: bajo su apariencia inofensiva, inventar ficciones es una manera de ejercer la libertad y de querellarse contra los que —religiosos o laicos— quisieran abolirla. Ésa es la razón por la que todas las dictaduras —el fascismo, el comunismo, los regímenes integristas islámicos, los despotismos militares africanos o latinoamericanos— han intentado controlar la literatura imponiéndole la camisa de fuerza de la censura.

Pero, con estas reflexiones generales nos hemos apartado algo de su caso concreto. Volvamos a lo específico. Usted ha sentido en su fuero interno esa predisposición y a ella ha superpuesto un acto de voluntad y decidido dedicarse a la literatura. ¿Y ahora, qué?

Su decisión de asumir su afición por la literatura como un destino deberá convertirse en servidumbre, en nada menos que esclavitud. Para explicarlo de una manera gráfica, le diré que acaba usted de hacer algo que, por lo visto, hacían en el siglo XIX algunas damas espantadas con el grosor de su cuerpo, que, a fin de recobrar una silueta de sílfide, se tragaban una solitaria. ¿Ha tenido usted ocasión de ver a alguien que lleva en sus entrañas ese 'horrendo parásito? Yo sí, y puedo asegurarle que aquellas damas eran unas heroínas, unas mártires de la belleza. A comienzos de los años sesenta, en París, yo tenía un magnífico amigo, José María, un muchacho español, pintor y cineasta, que padeció esa enfermedad. Una vez que la solitaria se instala en un organismo se consubstancia con él, se alimenta de él, crece y se fortalece a expensas de él, y es dificilísimo expulsarla de ese cuerpo del que medra, al que tiene colonizado. José María enflaquecía a pesar de que debía comer y beber líquidos (leche, sobre todo) constantemente, para aplacar la ansiedad del animal aposentado en sus entrañas, pues, si no, su malestar se volvía insoportable. Pero, todo lo que comía y bebía no era para su gusto y placer, sino para los de la solitaria. Un día, que estábamos conversando en un pequeño *bistrot* de Montparnasse, me sorprendió con esta confesión: «Nosotros hacemos tantas cosas juntos. Vamos al cine, a exposiciones, a recorrer librerías, y discutimos horas de horas sobre política, libros, películas, amigos comunes. Y tú crees que yo estoy haciendo esas cosas como las haces tú, porque te divierte hacerlas. Pero, te equivocas. Yo las hago para ella, la solitaria. Ésa es la impresión que tengo: que todo en mi vida, ahora, no lo vivo para mí, sino para ese ser que llevo adentro, del que ya no soy más que un sirviente.»

Desde entonces, me gusta comparar la situación del escritor con la de mi amigo José María cuando llevaba adentro la solitaria. La vocación literaria no es un pasatiempo, un deporte, un juego refinado que se practica en los ratos de ocio. Es una dedicación exclusiva y excluyente, una prioridad a la que nada puede anteponerse, una servidumbre libremente elegida que hace de sus víctimas (de sus dichosas víc-

16

timas) unos esclavos. Como mi amigo de París, la literatura pasa a ser una actividad permanente, algo que ocupa la existencia, que desborda las horas que uno dedica a escribir, e impregna todos los demás quehaceres, pues la vocación literaria se alimenta de la vida del escritor ni más ni menos que la longínea solitaria de los cuerpos que invade. Flaubert decía: «Escribir es una manera de vivir.» En otras palabras, quien ha hecho suya esta hermosa y absorbente vocación no escribe para vivir, vive para escribir.

Esta idea de comparar la vocación del escritor a una solitaria no es original. Acabo de descubrirlo, leyendo a Thomas Wolfe (maestro de Faulkner y autor de dos ambiciosas novelas: *Del tiempo y el río* y *El ángel que nos mira*), quien describió su vocación como el asentamiento de un gusano en su ser: «Pues el sueño estaba muerto para siempre, el piadoso, oscuro, dulce y olvidado sueño de la niñez. El gusano había penetrado en mi corazón, y yacía enroscado alimentándose de mi cerebro, mi espíritu, mi memoria. Sabía que finalmente había sido atrapado en mi propio fuego, consumido por mis propias lumbres, desgarrado por el garfio de ese furioso e insaciable anhelo que había absorbido mi vida durante años. Sabía, en breve, que una célula luminosa, en el cerebro o en el corazón o en la memoria, brillaría por siempre, de día, de noche, en cada despertar o instante de sueño de mi vida; que el gusano se alimentaría y la luz brillaría; que ninguna distracción, comida, bebida, viajes de placer o mujeres podrían extinguirla y que nunca más, hasta que la muerte cubriera mi vida con

su total y definitiva oscuridad, podría yo librarme de
ella.

»Supe que al fin me había convertido en escritor: supe al fin qué le sucede a un hombre que hace
de su vida la de un escritor.»[1]

Creo que sólo quien entra en literatura como se
entra en religión, dispuesto a dedicar a esa vocación
su tiempo, su energía, su esfuerzo, está en condiciones de llegar a ser verdaderamente un escritor y escribir una obra que lo trascienda. Esa otra cosa misteriosa que llamamos el talento, el genio, no nace
—por lo menos, no entre los novelistas, aunque sí se
da a veces entre los poetas o los músicos— de una
manera precoz y fulminante (los ejemplos clásicos
son, por supuesto, Rimbaud y Mozart), sino a través
de una larga secuencia, años de disciplina y perseverancia. No hay novelistas precoces. Todos los
grandes, los admirables novelistas, fueron, al principio, escribidores aprendices cuyo talento se fue gestando a base de constancia y convicción. Es muy
alentador, ¿no es cierto?, para alguien que empieza a
escribir, el ejemplo de aquellos escritores, que, a diferencia de un Rimbaud, que era un poeta genial en
plena adolescencia, fueron construyendo su talento.

Si este tema, el de la gestación del genio literario, le interesa, le recomiendo la voluminosa correspondencia de Flaubert, sobre todo las cartas que
escribió a su amante Louise Colet entre 1850 y 1854,

1. Thomas Wolfe, *Historia de una novela, El proceso de creación de
un escritor,* traducción de César Leante, Madrid, Editorial Pliegos, p. 60.

años en que escribía *Madame Bovary*, su primera obra maestra. A mí me ayudó mucho leer esa correspondencia cuando escribía mis primeros libros. Aunque Flaubert era un pesimista y sus cartas están llenas de improperios contra la humanidad, su amor por la literatura no tuvo límites. Por eso asumió su vocación como un cruzado, entregándose a ella de día y de noche, con una convicción fanática, exigiéndose hasta extremos indecibles. De este modo consiguió vencer sus limitaciones (muy visibles en sus primeros escritos, tan retóricos y ancilares respecto de los modelos románticos en boga) y escribir novelas como *Madame Bovary* y *La educación sentimental*, acaso las dos primeras novelas modernas.

Otro libro que me atrevería a recomendarle sobre el tema de esta carta es el de un autor muy distinto, el norteamericano William Burroughs: *Junkie*. Burroughs no me interesa nada como novelista: sus historias experimentales, psicodélicas, siempre me han aburrido sobremanera, al extremo de que no creo haber sido capaz de terminar una sola de ellas. Pero, el primer libro que escribió, *Junkie*, factual y autobiográfico, donde relata cómo se volvió drogadicto y cómo la adicción a las drogas —una libre elección añadida a lo que era sin duda cierta proclividad— hizo de él un esclavo feliz, un sirviente deliberado de su adicción, es una certera descripción de lo que, creo yo, es la vocación literaria, de la dependencia total que ella establece entre el escritor y su oficio y la manera como éste se nutre de aquél, en todo lo que es, hace o deja de hacer.

Pero, mi amigo, esta carta se ha prolongado más de lo recomendable, para un género —el epistolar— cuya virtud principal debería ser precisamente la brevedad, así que me despido.

Un abrazo.

II

EL CATOBLEPAS

Querido amigo:

El trabajo excesivo de estos últimos días me ha impedido contestarle con la celeridad debida, pero su carta ha estado rondándome desde que la recibí. No sólo por su entusiasmo, que comparto, pues yo también creo que la literatura es lo mejor que se ha inventado para defenderse contra el infortunio; asimismo, porque el asunto sobre el que me interroga, «¿De dónde salen las historias que cuentan las novelas?», «¿Cómo se le ocurren los temas a un novelista?», me sigue intrigando, después de haber escrito buen número de ficciones, tanto como en los albores de mi aprendizaje literario.

Tengo una respuesta, que deberá ser muy matizada para no resultar una pura falacia. La raíz de todas las historias es la experiencia de quien las inventa, lo vivido es la fuente que irriga las ficciones. Esto no significa, desde luego, que una novela sea siempre una biografía disimulada de su autor; más bien que en toda ficción, aun en la de imaginación más libérrima, es posible rastrear un punto de partida, una semilla íntima, visceralmente ligado a una suma de vivencias de quien la fraguó. Me atrevo a sostener que no hay excepciones a esta regla y que, por lo tanto, la invención químicamente pura no existe en el dominio literario. Que todas las ficciones son arquitecturas levantadas por la fantasía y la artesanía sobre ciertos hechos, personas, circunstancias, que marcaron la memoria del escritor y pusieron en movimiento su fantasía creadora, la que, a partir de aquella simiente, fue erigiendo todo un mundo, tan rico y múltiple que a veces resulta casi imposible (y a veces sin casi) reconocer en él aquel material autobiográfico que fue su rudimento, y que es, en cierta forma, el secreto nexo de toda ficción con su anverso y antípoda: la realidad real.

En una conferencia juvenil traté de explicar este mecanismo como un *striptease* invertido. Escribir novelas sería equivalente a lo que hace la profesional que, ante un auditorio, se despoja de sus ropas y muestra su cuerpo desnudo. El novelista ejecutaría la operación en sentido contrario. En la elaboración de la novela, iría vistiendo, disimulando bajo espesas y multicolores prendas forjadas por su imaginación aquella desnudez inicial, punto de partida del espectáculo. Este proceso es tan complejo y minucioso que, muchas veces, ni el propio autor es capaz de identificar en el producto terminado, esa exuberante demostración de su capacidad para inventar personas y mundos imaginarios, aquellas imágenes agazapadas en su memoria —impuestas por la vida— que activaron su fantasía, alentaron su voluntad y lo indujeron a pergeñar aquella historia.

En cuanto a los temas, creo, pues, que el novelista se alimenta de sí mismo, como el *catoblepas*, ese mítico animal que se le aparece a san Antonio en la novela de Flaubert *(La tentación de San Antonio)* y que recreó luego Borges en su *Manual de Zoología Fantástica*. El catoblepas es una imposible criatura que se devora a sí misma, empezando por sus pies. En un sentido menos material, desde luego, el novelista está también escarbando en su propia experiencia, en pos de asideros para inventar historias. Y no sólo para recrear personajes, episodios o paisajes a partir del material que le suministran ciertos recuerdos. También, porque encuentra en aquellos habitantes de su memoria el combustible para la voluntad que se requiere a fin de coronar con éxito ese proceso, largo y difícil, que es la forja de una novela.

Me atrevo a ir algo más lejos respecto a los temas de la ficción. El novelista no elige sus temas; es elegido por ellos. Escribe sobre ciertos asuntos porque le ocurrieron ciertas cosas. En la elección del tema, la libertad de un escritor es relativa, acaso inexistente. Y, en todo caso, incomparablemente menor que en lo que concierne a la forma literaria, donde, me parece, la libertad —la responsabilidad— del escritor es total. Mi impresión es que la vida —palabra grande, ya lo sé— le inflige los temas a través de

ciertas experiencias que dejan una marca en su conciencia o subconciencia, y que luego lo acosan para
que se libere de ellas tornándolas historias. Apenas si
es necesario buscar ejemplos de la manera como los
temas se les imponen a los escritores a través de lo
vivido, porque todos los testimonios suelen coincidir
en este punto: esa historia, ese personaje, esa situación, esa intriga me persiguió, obsesionó, como una
exigencia venida de lo más íntimo de mi personalidad, y debí escribirla para librarme de ella. Desde
luego, el primer nombre que se le viene a cualquiera
es el de Proust. Verdadero escritor-catoblepas ¿no es
verdad? Quién otro se alimentó más y con mejores
resultados de sí mismo, hurgando como un prolijo arqueólogo en todos los recovecos de su memoria, que
el moroso constructor de *En busca del tiempo perdido*, monumental recreación artística de su propia
peripecia vital, su familia, su paisaje, sus amistades,
relaciones, apetitos confesables e inconfesables, gus-
tos y disgustos, y, al mismo tiempo, de los misteriosos y sutiles encaminamientos del espíritu humano en
su afanosa tarea de atesorar, discriminar, enterrar y
desenterrar, asociar y disociar, pulir o deformar las
imágenes que la memoria retiene del tiempo ido. Los
biógrafos (Painter, por ejemplo) han podido establecer prolijos inventarios de cosas vividas y seres rea-
les, escondidos detrás de la suntuosa invención en la
saga novelesca proustiana, ilustrándonos de manera
inequívoca sobre la manera como esa prodigiosa
creación literaria fue erigiéndose con materiales de la
vida de su autor. Pero lo que, en verdad, nos mues-

tran esos inventarios de los materiales autobiográficos desenterrados por la crítica es otra cosa: la capacidad creadora de Proust, quien, valiéndose de aquella introspección, de ese buceo en su pasado, transformó los episodios bastante convencionales de su existencia en un esplendoroso tapiz, en deslumbrante representación de la condición humana, percibida desde la subjetividad de la conciencia desdoblada para la observación de sí misma en el transcurrir de la existencia.

Lo que nos lleva a otra comprobación, no menos importante que la anterior. Que, aunque el punto de partida de la invención del novelista es lo vivido, no es ni puede serlo el de llegada. Éste se halla a una distancia considerable y a veces astral de aquél, pues en ese proceso intermedio —vaciado del tema en un cuerpo de palabras y un orden narrativo—, el material autobiográfico experimenta transformaciones, es enriquecido (a veces empobrecido), mezclado con otros materiales recordados o inventados y manipulado y estructurado —si la novela es una verdadera creación— hasta alcanzar la autonomía total que debe fingir una ficción para vivir por cuenta propia. (Las que no se emancipan de su autor y valen sólo como documentos biográficos, son, desde luego, ficciones frustradas.) La tarea creativa consiste en la transformación de aquel material suministrado al novelista por su propia memoria en ese mundo objetivo, hecho de palabras, que es una novela. La forma es la que permite cuajar en un producto concreto esa ficción, y, en ese dominio, si esta idea del quehacer novelístico es cierta (tengo dudas de que lo sea, le repito), el novelista goza de plena libertad y por lo tanto es responsable del resultado. Si lo que está leyendo entre líneas es que, a mi juicio, un escritor de ficciones no es responsable de sus temas (pues la vida se los impone) pero lo es de lo que hace con ellos al convertirlos en literatura y por lo tanto se puede decir que él es en última instancia el único responsable de sus aciertos o fracasos —de su mediocridad o de su genio—, sí, eso es exactamente lo que pienso.

¿Por qué, entre los infinitos hechos que se acumulan en la vida de un escritor, hay algunos cuantos que resultan tan extraordinariamente fértiles para su imaginación creadora, y otros muchísimos en cambio desfilan por su memoria sin convertirse en desencadenantes de la inspiración? No lo sé con seguridad. Tengo apenas una sospecha. Y es que las caras, anécdotas, situaciones, conflictos, que se imponen a un escritor incitándolo a fantasear historias, son precisamente los que se refieren a esa disidencia con la vida real, con el mundo tal como es, que, según le comenté en mi carta anterior, sería la raíz de la vocación del novelista, la recóndita razón que empuja a una mujer o a un hombre a desafiar al mundo real mediante la simbólica operación de sustituirlo con ficciones.

Entre los innumerables ejemplos que se podrían mencionar para ilustrar esta idea elijo el de un escritor menor —pero frondoso hasta la incontinencia— del XVIII francés: Restif de la Bretonne. Y no lo elijo por su talento —no lo tenía en exceso— sino por lo gráfico que resulta su caso de rebelde con el mundo real, que optó por manifestar su rebeldía reemplazando a aquél en sus ficciones por otro construido a imagen y semejanza del que su disidencia hubiera preferido.

En las innumerables novelas que escribió Restif de la Bretonne —la más conocida es su voluminosa autobiografía novelesca, *Monsieur Nicolas*— la Francia dieciochesca, la rural y la urbana, aparece documentada por un sociólogo detallista, observador riguroso de los tipos humanos, las costumbres, las rutinas cotidianas, el trabajo, las fiestas, los prejuicios, los atuendos, las creencias, de tal modo que sus libros han sido un verdadero tesoro para los investigadores, y tanto historiadores como antropólogos, etnólogos y sociólogos se han servido a manos llenas de ese material recogido por el torrencial Restif de la cantera de su tiempo. Sin embargo, al pasar a sus novelas, esta realidad social e histórica tan copiosamente descrita experimentó una transformación radical y es por eso que se puede hablar de ella como de una ficción. En efecto, en este mundo prolijo tan parecido en tantas cosas al mundo real que lo inspiró, los hombres se enamoran de las mujeres, no por la belleza de sus rostros, la gracia de sus cinturas, su esbeltez, finura, encanto espiritual, sino, fundamentalmente, por la hermosura de sus pies o la elegancia de sus botines. Restif de la Bretonne era un fetichista, algo que hacía de él, en la vida real, un hombre más bien excéntrico al común de sus contemporáneos, una excepción a la regla, es decir, en el fondo, un «disidente» de la realidad. Y esa disidencia, seguramente el impulso más poderoso de su vocación, se nos revela en sus ficciones, en las que la vida aparece enmendada, rehecha a imagen y semejanza del propio Restif. En ese mundo, como le ocurría a éste, lo acostumbrado y normal era que el atributo primordial de la belleza femenina, el más codiciado objeto de placer para el varón —para *todos* los varones— fuera esa delicada extremidad y, por extensión, sus envoltorios, las medias y los zapatos. En pocos escritores se puede advertir tan nítidamente ese proceso de reconversión del mundo que opera la ficción, a partir de la propia subjetividad —los deseos, apetitos, sueños, frustraciones, rencores, etcétera— del novelista, como en este polígrafo francés.

Aunque de manera menos visible y deliberada, en todos los creadores de ficciones ocurre algo parecido. Algo hay en sus vidas semejante al fetichismo de Restif, que los hace desear ardientemente un mundo distinto a aquél en el que viven —un altruista ideal de justicia, un egoísta empeño de satisfacer los más sórdidos apetitos masoquistas o sádicos, un humano y razonable anhelo de vivir la aventura, un amor inmarcesible, etcétera—, un mundo que se sienten inducidos a inventar a través de la palabra, y en el que, de manera generalmente cifrada, queda impreso su entredicho con la realidad real y aquella otra realidad con la que su vicio o generosidad hubieran querido reemplazar a la que les tocó.

Quizás, amigo novelista en ciernes, sea éste el momento oportuno para hablar de una peligrosa no-

28

ción aplicada a la literatura: la autenticidad. ¿Qué es ser un escritor *auténtico*? Lo cierto es que la ficción es, por definición, una impostura —una realidad que no es y sin embargo finge serlo— y que toda novela es una mentira que se hace pasar por verdad, una creación cuyo *poder de persuasión* depende exclusivamente del empleo eficaz, por parte del novelista, de unas técnicas de ilusionismo y prestidigitación semejantes a las de los magos de los circos o teatros. De modo que ¿tiene sentido hablar de autenticidad en el dominio de la novela, género en el que lo más auténtico es ser un embauque, un embeleco, un espejismo? Sí lo tiene, pero de esta manera: el novelista auténtico es aquel que obedece dócilmente aquellos mandatos que la vida le impone, escribiendo sobre esos temas y rehuyendo aquellos que no nacen íntimamente de su propia experiencia y llegan a su conciencia con carácter de necesidad. En eso consiste la autenticidad o sinceridad del novelista: en aceptar sus propios demonios y en servirlos a la medida de sus fuerzas.

El novelista que no escribe sobre aquello que en su fuero recóndito lo estimula y exige, y fríamente escoge asuntos o temas de una manera racional, porque piensa que de este modo alcanzará mejor el éxito, es inauténtico y lo más probable es que, por ello, sea también un mal novelista (aunque alcance el éxito: las listas de *bestsellers* están llenas de muy malos novelistas, como usted sabe de sobra). Pero me parece difícil que se llegue a ser un creador —un transformador de la realidad— si no se escribe alentado y alimentado desde el propio ser por aquellos fantasmas (demonios) que han hecho de nosotros, los novelistas, objetores esenciales y reconstructores de la vida en las ficciones que inventamos. Creo que aceptando esa imposición —escribiendo a partir de aquello que nos obsesiona y excita y está visceral, aunque a menudo misteriosamente integrado a nuestra vida— se escribe «mejor», con más convicción y energía, y se está más equipado para emprender ese trabajo apasionante, pero, asimismo, arduo, con decepciones y angustias, que es la elaboración de una novela.

Los escritores que rehúyen sus propios demonios y se imponen ciertos temas, porque creen que aquéllos no son lo bastante originales o atractivos, y estos últimos sí, se equivocan garrafalmente. Un tema de por sí no es nunca bueno ni malo en literatura. Todos los temas pueden ser ambas cosas, y ello no depende del tema en sí, sino de aquello en que un tema se convierte cuando se materializa en una novela a través de una forma, es decir de una escritura y una estructura narrativas. Es la forma en que se encarna la que hace que una historia sea original o trivial, profunda o superficial, compleja o simple, la que da densidad, ambigüedad, verosimilitud a los personajes o los vuelve unas caricaturas sin vida, unos muñecos de titiritero. Ésa es otra de las pocas reglas en el dominio de la literatura que, me parece, no admite excepciones: en una novela los temas en sí mismos nada presuponen, pues serán buenos o malos, atractivos o aburridos, exclusivamente en función de lo que haga con ellos el novelista al convertirlos en una realidad de palabras organizadas según cierto orden.

Me parece, amigo, que podemos quedarnos aquí.

Un abrazo.

III

EL PODER DE PERSUASIÓN

Querido amigo:

Tiene usted razón. Mis cartas anteriores, con sus vagas hipótesis sobre la vocación literaria y la fuente de donde brotan los temas de un novelista, así como mis zoológicas alegorías —la solitaria y el catoblepas—, pecan de abstractas y tienen la incómoda característica de ser inverificables. De modo que ha llegado el momento de pasar a cosas menos subjetivas, más específicamente enraizadas en lo literario.

Hablemos, pues, de la forma de la novela, que, por paradójico que parezca, es lo más concreto que ella tiene, ya que es a través de su forma que una novela toma cuerpo, naturaleza tangible. Pero, antes de zarpar por esas aguas deleitables para quienes, como usted y yo, amamos y practicamos la artesanía de que también están hechas las ficciones, vale la pena dejar establecido lo que usted sabe de sobra, aunque no esté tan claro para muchos lectores de novelas: que la separación entre fondo y forma (o tema y estilo y orden narrativo) es artificial, sólo admisible por razones expositivas y analíticas, y no se da jamás en la realidad, pues lo que una novela cuenta es inseparable de la manera como está contado. Esta *manera* es lo que determina que la historia sea creíble o increíble, tierna o ridícula, cómica o dramática. Desde luego, es posible decir que *Moby Dick* refiere la historia de un lobo de mar obsesionado por una ballena blanca a la que persigue por todos los mares del mundo y que el *Quijote* narra las aventuras y desventuras de un caballero medio loco que trata de reproducir en las llanuras de la Mancha las proezas de los héroes de las ficciones caballerescas. Pero ¿alguien que haya leído aquellas novelas reconocería en esa descripción de sus «temas» los infinitamente ricos y sutiles universos que crearon Melville y Cervantes? Naturalmente que, para explicar los mecanismos que hacen vivir una historia, se puede hacer esta escisión entre tema y forma novelesca, a condición de precisar que ella no se da nunca, por lo menos no en las buenas novelas —en las malas, en cambio, sí, y por eso es que son malas— donde lo que ellas cuentan y el modo en que lo hacen constituye una indestructible unidad. Esas novelas son buenas porque gracias a la eficacia de su forma han sido dotadas de un irresistible *poder de persuasión*.

Si a usted, antes de leer *La metamorfosis*, le hubieran contado que el tema de aquella novela era la transformación de un modesto empleadito en una repulsiva cucaracha, probablemente se habría dicho, bostezando, que se exoneraba de inmediato de leer una idiotez semejante. Sin embargo, como usted ha leído esa historia contada con la magia con que lo hace Kafka, «cree» a pie juntillas la horrible peripecia de Gregorio Samsa: se identifica, sufre con él y siente que lo ahoga la misma angustia desesperada que va aniquilando a ese pobre personaje, hasta que, con su muerte, se restablece aquella normalidad de la vida que su desdichada aventura trastornó. Y usted se cree la historia de Gregorio Samsa porque Kafka fue capaz de encontrar para relatarla una manera —unas palabras, unos silencios, unas revelaciones, unos detalles, una organización de los datos y del transcurrir narrativo— que se impone al lector, aboliendo todas las reservas conceptuales que éste pudiera albergar ante semejante suceso.

Para dotar a una novela de *poder de persuasión* es preciso contar su historia de modo que aproveche al máximo las vivencias implícitas en su anécdota y personajes y consiga transmitir al lector una ilusión de su autonomía respecto del mundo real en que se halla quien la lee. El poder de persuasión de una novela es mayor cuanto más independiente y soberana nos parece ésta, cuando todo lo que en ella acontece nos da la sensación de ocurrir en función de mecanismos internos de esa ficción y no por imposición arbitraria de una voluntad exterior. Cuando una novela nos da esa impresión de autosuficiencia, de haberse emancipado de la realidad *real*, de contener en sí misma todo lo que requiere para existir, ha alcanzado la máxima capacidad persuasiva. Logra enton-

35

ces seducir a sus lectores y hacerles creer lo que les cuenta, algo que las buenas, las grandes novelas, no parecen contárnoslo, pues, más bien, nos lo hacen vivir, compartir, por la persuasividad de que están dotadas.

Usted conoce, sin duda, la famosa teoría de Bertolt Brecht sobre la distanciación. Él creía que, para que el teatro épico y didáctico que se propuso escribir alcanzara sus objetivos, era indispensable desarrollar, en la representación, una técnica —una manera de actuar, en el movimiento o el habla de los actores y en el propio decorado— que fuera destruyendo la «ilusión» y recordando al espectador que aquello que veía en el escenario no era la vida, sino teatro, una mentira, un espectáculo, de los que, sin embargo, debía sacar conclusiones y enseñanzas que lo indujeran a actuar, para cambiar la vida. No sé qué piensa usted de Brecht. Yo pienso que fue un gran escritor, y que, aunque a menudo estorbado por la intención propagandística e ideológica, su teatro es excelente, y bastante más persuasivo, por fortuna, que su teoría de la distanciación.

El poder de persuasión de una novela persigue exactamente lo contrario: acortar la distancia que separa la ficción de la realidad y, borrando esa frontera, hacer vivir al lector aquella mentira como si fuera la más imperecedera verdad, aquella ilusión la más consistente y sólida descripción de lo real. Ése es el formidable embauque que perpetran las grandes novelas: convencernos de que el mundo es como ellas lo cuentan, como si las ficciones no fueran lo que son, un mundo profundamente deshecho y rehecho para aplacar el apetito deicida (recreador de la realidad) que anima —lo sepa éste o no— la vocación del novelista. Sólo las malas novelas tienen ese poder de distanciación que Brecht quería para que sus espectadores pudieran asimilar las lecciones de filosofía política que pretendía impartirles con sus obras de teatro. La mala novela que carece de poder de persuasión, o lo tiene muy débil, no nos convence de la verdad de la mentira que nos cuenta; ésta se nos aparece entonces como tal, una «mentira», un artificio, una invención arbitraria y sin vida propia, que se mueve pesada y torpe como los muñecos de un mediocre titiritero, y cuyos hilos, que manipula su creador, están a la vista y delatan su condición de caricaturas de seres vivos, cuyas hazañas o padecimientos difícilmente pueden conmovernos, ¿pues acaso los viven, siendo meros embelecos sin libertad, vidas prestadas dependientes de un amo omnipotente?

Naturalmente, la soberanía de una ficción no es una realidad, es también una ficción. Mejor dicho, una ficción es soberana de una manera figurada, y por eso me he cuidado mucho, al referirme a ella, de hablar de una «ilusión de soberanía», «una impresión de ser independiente, emancipada del mundo real». *Alguien* escribe las novelas. Ese hecho, que no nazcan por generación espontánea, hace que sean dependientes, que todas tengan un cordón umbilical con el mundo real. Pero no sólo por el hecho de tener un autor se hallan las novelas unidas a la vida verdadera; también, porque, si ellas, en lo que inventan y

37

relatan no opinaran sobre el mundo tal como lo viven sus lectores, para éstos una novela sería algo remoto e incomunicable, un artificio impermeabilizado contra su propia experiencia: jamás tendría poder de persuasión, nunca podría hechizarlos, seducirlos, convencerlos de su verdad y hacerlos vivir lo que les cuenta como si lo experimentaran en carne propia.

Ésta es la curiosa ambigüedad de la ficción: aspirar a la autonomía sabiendo que su esclavitud de lo real es inevitable y sugerir, mediante esforzadas técnicas, una independencia y autosuficiencia que son tan ilusas como las de las melodías de una ópera separadas de los instrumentos o gargantas que las interpretan.

La forma consigue estos milagros cuando es eficaz. Aunque, como en el caso de tema y forma, se trata de una entidad inseparable en términos prácticos, la forma consta de dos elementos igualmente importantes, que, aunque van siempre fundidos, pueden también diferenciarse por razones analíticas y explicativas: el estilo y el orden. Lo primero se refiere, claro está, a las palabras, la escritura con que se narra la historia, y, lo segundo, a la organización de los materiales de que ésta consta, algo que, simplificando mucho, tiene que ver con los grandes ejes de toda construcción novelesca: el narrador, el espacio y el tiempo narrativos.

Para no alargar excesivamente esta carta, dejo para la próxima algunas consideraciones sobre el *estilo*, las palabras en que está contada la ficción, y la función que tiene en ese *poder de persuasión* del que depende la vida (o la muerte) de las novelas.

Un abrazo.

IV

EL ESTILO

Querido amigo:

El estilo es ingrediente esencial, aunque no el único, de la forma novelesca. Las novelas están hechas de palabras, de modo que la manera como un novelista elige y organiza el lenguaje es un factor decisivo para que sus historias tengan o carezcan de poder de persuasión. Ahora bien, el lenguaje novelesco no puede ser disociado de aquello que la novela relata, el tema que se encarna en palabras, porque la única manera de saber si el novelista tiene éxito o fracasa en su empresa narrativa es averiguando si, gracias a su escritura, la ficción vive, se emancipa de su creador y de la realidad real y se impone al lector como una realidad soberana.

Es, pues, en función de lo que cuenta que una escritura es eficiente o ineficiente, creativa o letal. Quizás debamos comenzar, para ir ciñendo los rasgos del estilo, por eliminar la idea de *corrección*. No importa nada que un estilo sea correcto o incorrecto; importa que sea eficaz, adecuado a su cometido, que es insuflar una ilusión de vida —de verdad— a las historias que cuenta. Hay novelistas que escribieron correctísimamente, de acuerdo a los cánones gramaticales y estilísticos imperantes en su época, como Cervantes, Stendhal, Dickens, García Márquez, y otros, no menos grandes, que violentaron aquellos cánones, cometiendo toda clase de atropellos gramaticales y cuyo estilo está lleno de incorrecciones desde el punto de vista académico, lo que no les impidió ser buenos o incluso excelentes novelistas, como Balzac, Joyce, Pío Baroja, Céline, Cortázar y Lezama Lima. Azorín, que era un extraordinario prosista y pese a ello un aburridísimo novelista, escribió en su colección de textos sobre *Madrid*: «Escribe prosa el literato, prosa correcta, prosa castiza, y no vale nada esa prosa sin las alcamonías de la gracia, la intención feliz, la ironía, el desdén o el sarcasmo.»[2] Es una observación exacta: por sí misma, la corrección estilística no presupone nada sobre el acierto o desacierto con que se escribe una ficción.

¿De qué depende, pues, la eficacia de la escritura novelesca? De dos atributos: su coherencia interna y su carácter de necesidad. La historia que cuenta una novela puede ser incoherente, pero el lenguaje que la plasma debe ser coherente para que aquella incoherencia finja exitosamente ser genuina y vivir. Un ejemplo de esto es el monólogo de Molly

2. Azorín, *Madrid*, Madrid, Biblioteca Nueva, 1941, p. 63.

Bloom, al final del *Ulises (Ulysses)* de Joyce, torrente caótico de recuerdos, sensaciones, reflexiones, emociones, cuya hechicera fuerza se debe a la prosa de apariencia deshilvanada y quebrada que lo enuncia y que conserva, por debajo de su exterior desmañado y anárquico, una rigurosa coherencia, una conformación estructural que obedece a un modelo o sistema original de normas y principios del que la escritura del monólogo nunca se aparta. ¿Es una exacta *descripción* de una conciencia en movimiento? No. Es una invención literaria tan poderosamente convincente que nos parece reproducir el deambular de la conciencia de Molly cuando, en verdad, lo está inventando.

Julio Cortázar se jactaba en sus últimos años de escribir «cada vez más mal». Quería decir que, para expresar lo que anhelaba en sus cuentos y novelas, se sentía obligado a buscar formas de expresión cada vez menos sometidas a la forma canónica, a desafiar el genio de lengua y tratar de imponerle ritmos, pautas, vocabularios, distorsiones, de modo que su prosa pudiera representar con más verosimilitud aquellos personajes o sucesos de su invención. En realidad, escribiendo así de mal, Cortázar escribía muy bien. Tenía una prosa clara y fluida, que fingía maravillosamente la oralidad, incorporando y asimilando con gran desenvoltura los dichos, amaneramientos y figuras de la palabra hablada, argentinismos desde luego, pero también galicismos, y asimismo inventando palabras y expresiones con tanto ingenio y buen oído que ellas no desentonaban en el contexto de sus frases, más bien las enriquecían con esas «alcamonías» (especias) que reclamaba Azorín para el buen novelista.

La verosimilitud de una historia (su poder de persuasión) no depende exclusivamente de la coherencia del estilo con que está referida —no menos importante es el rol que desempeña la técnica narrativa—, pero, sin ella, o no existe o se reduce al mínimo.

Un estilo puede ser desagradable y, sin embargo, gracias a su coherencia, eficaz. Es el caso de un Louis-Ferdinand Céline, por ejemplo. No sé si a usted, pero, a mí, sus frases cortitas y tartamudas, plagadas de puntos suspensivos, encrespadas de vociferaciones y expresiones en jerga, me crispan los nervios. Y, sin embargo, no tengo la menor duda de que *El viaje al final de la noche (Voyage au bout de la nuit),* y también, aunque no de manera tan inequívoca, *Muerte a crédito (Mort à crédit),* son novelas dotadas de un poder de persuasión arrollador, cuyo vómito de sordidez y extravagancia nos hipnotiza, desbaratando las prevenciones estéticas o éticas que podamos conscientemente oponerle.

Algo parecido me ocurre con Alejo Carpentier, uno de los grandes novelistas de la lengua española sin duda, cuya prosa, sin embargo, considerada fuera de sus novelas (ya sé que no se puede hacer esa separación, pero la hago para que quede más claro lo que trato de decir) está en las antípodas del tipo de estilo que yo admiro. No me gusta nada su rigidez, academicismo y amaneramiento libresco, el que me

sugiere a cada paso estar edificado con una meticu-
losa rebusca en diccionarios, esa vetusta pasión por
los arcaísmos y el artificio que alentaban los escritores barrocos del siglo XVII. Y, sin embargo, esta
prosa, cuando cuenta la historia de Ti Noel y de
Henri Christophe en *El reino de este mundo*, obra
maestra absoluta que he leído y releído hasta tres veces, tiene un poder contagioso y sometedor que anula
mis reservas y antipatías y me deslumbra, hacién-
dome creer a pie juntillas todo lo que cuenta. ¿Cómo
consigue algo tan formidable el estilo encorbatado y
almidonado de Alejo Carpentier? Gracias a su indes-
mayable coherencia y a la sensación de necesidad
que nos transmite, esa convicción que hace sentir a
sus lectores que sólo de ese modo, con esas palabras,
frases y ritmos, podía ser contada aquella historia.

Si hablar de la coherencia de un estilo no resulta tan difícil, sí lo es, en cambio, explicar aquello
del *carácter necesario*, indispensable para que un
lenguaje novelesco resulte persuasivo. Tal vez la mejor manera de describirlo sea valiéndose de su contrario, el estilo que fracasa a la hora de contarnos una
historia pues mantiene al lector a distancia de ella y
con su conciencia lúcida, es decir, consciente de que
está leyendo algo ajeno, no viviendo y compartiendo
la historia con sus personajes. Este fracaso se advierte cuando el lector siente un abismo que el novelista no consigue cerrar a la hora de escribir su historia, entre aquello que cuenta y las palabras con que
está contándolo. Esa bifurcación o desdoblamiento
entre el lenguaje de una historia y la historia misma

aniquila el poder de persuasión. El lector no cree lo que le cuentan, porque la torpeza e inconveniencia de ese estilo hace a aquél consciente de que entre las palabras y los hechos hay una insuperable cesura, un resquicio por el que se filtran todo el artificio y la arbitrariedad sobre los que está erigida una ficción y que sólo las ficciones logradas consiguen borrar, tornándolos invisibles.

Esos estilos fracasan porque no los sentimos necesarios; por el contrario, leyéndolos nos damos cuenta de que esas historias contadas de otra manera, con otras palabras, serían mejores (lo que en literatura quiere decir, simplemente, más persuasivas). Jamás tenemos esa sensación de dicotomía entre lo contado y las palabras que lo cuentan en los relatos de Borges, las novelas de Faulkner o las historias de Isak Dinesen. El estilo de estos autores, muy diferentes entre sí, nos persuade porque en ellos las palabras, los personajes y cosas constituyen una unidad irrompible, algo que no concebimos siquiera que pudiera disociarse. A esa perfecta integración entre «fondo» y «forma» aludo cuando hablo de ese atributo de *necesidad* que tiene una escritura creadora.

Ese carácter *necesario* del lenguaje de los grandes escritores se detecta, por contraste, por lo forzado y falso que resulta en los epígonos. Borges es uno de los más originales prosistas de la lengua española, acaso el más grande que ésta haya producido en el siglo XX. Por eso mismo ha ejercido una influencia grande, y, si usted me permite, a menudo nefasta. El estilo de Borges es inconfundible, dotado de extraordinaria funcionalidad, capaz de dar vida y crédito a su mundo de ideas y curiosidades de refinado intelectualismo y abstracción, donde los sistemas filosóficos, las disquisiciones teológicas, los mitos y símbolos literarios y el quehacer reflexivo y especulativo así como la historia universal contemplada desde una perspectiva eminentemente literaria conforman la materia prima de la invención. El estilo borgeano se adecua y funde con esa temática en aleación indivisible, y el lector siente, desde las primeras frases de sus cuentos y de muchos de sus ensayos que tienen la inventiva y soberanía de verdaderas ficciones, que ellos sólo podían haber sido contados así, con ese lenguaje inteligente e irónico, de matemática precisión —ninguna palabra falta, ninguna sobra—, de fría elegancia y aristocráticos desplantes, que privilegia el intelecto y el conocimiento sobre las emociones y los sentidos, juega con la erudición, hace del alarde una técnica, elude toda forma de sentimentalismo e ignora el cuerpo y la sensualidad (o los divisa, lejanísimos, como manifestaciones inferiores de la existencia humana) y se humaniza gracias a la sutil ironía, fresca brisa que aligera la complejidad de los razonamientos, laberintos intelectuales o barrocas construcciones que son casi siempre los temas de sus historias. El color y la gracia de ese estilo está sobre todo en su adjetivación, que sacude al lector con su audacia y excentricidad («Nadie lo vio desembarcar en la *unánime* noche»), con sus violentas e insospechadas metáforas, esos adjetivos o adverbios que, además de redondear una idea o destacar un trazo físico o psicológico de un personaje, a menudo se bastan para crear la atmósfera borgeana. Ahora bien, precisamente por su carácter necesario, el estilo de Borges es inimitable. Cuando sus admiradores y seguidores literarios se prestan de él sus maneras de adjetivar, sus irreverentes salidas, sus burlas y desplantes, éstos chirrían y desentonan, como esas pelucas mal fabricadas que no llegan a pasar por cabelleras y proclaman su falsedad bañando de ridículo a la infeliz cabeza que recubren. Siendo Jorge Luis Borges un formidable creador, no hay nada más irritante y molesto que los «borgecitos», imitadores en los que por esa falta de necesidad de la prosa que miman lo que en aquél era original, auténtico, bello, estimulante, resulta caricatural, feo e insincero. (La sinceridad o insinceridad no es, en literatura, un asunto ético sino estético.)

Cosa parecida le ocurre a otro gran prosista de nuestra lengua, Gabriel García Márquez. A diferencia del de Borges, su estilo no es sobrio sino abundante, y nada intelectualizado, más bien sensorial y sensual, de estirpe clásica por su casticismo y corrección, pero no envarado ni arcaizante, más bien abierto a la asimilación de dichos y expresiones populares y a neologismos y extranjerismos, de rica musicalidad y limpieza conceptual, exento de complicaciones o retruécanos intelectuales. Calor, sabor, música, todas las texturas de la percepción y los apetitos del cuerpo se expresan en él con naturalidad, sin remilgos, y con la misma libertad respira en él la fantasía, proyectándose sin trabas hacia lo extraordinario. Leyendo *Cien años de soledad* o *El amor en los tiempos del cólera* nos abruma la certidumbre de que sólo contadas con esas palabras, ese talante y ese ritmo, esas historias resultan creíbles, verosímiles, fascinantes, conmovedoras; que, separadas de ellas, en cambio, no hubieran podido hechizarnos como lo hacen, porque esas historias *son* las palabras que las cuentan.

La verdad es que esas palabras *son* las historias que cuentan, y, por ello, cuando otro escritor se presta ese estilo, la literatura que resulta de esa operación suena falaz, mera caricatura. Después de Borges, García Márquez es el escritor más imitado de la lengua, y aunque algunos de sus discípulos han llegado a tener éxito, es decir muchos lectores, su obra, por más aprovechado que sea el discípulo, no vive con vida propia, y su carácter ancilar, forzado, asoma de inmediato. La literatura es puro artificio, pero la gran literatura consigue disimularlo y la mediocre lo delata.

Aunque me parece que, con lo anterior, le he dicho todo lo que sé sobre el estilo, en vista de esas perentorias exigencias de consejos *prácticos* de su carta, le doy éste: ya que no se puede ser un novelista sin tener un estilo coherente y necesario y usted quiere serlo, busque y encuentre *su* estilo. Lea muchísimo, porque es imposible tener un lenguaje rico, desenvuelto, sin leer abundante y buena literatura, y trate, en la medida de sus fuerzas, ya que ello no es tan fácil, de no imitar los estilos de los novelistas que más admira y que le han enseñado a amar la literatura. Imítelos en todo lo demás: en su dedicación, en su disciplina, en sus manías, y haga suyas, si las siente lícitas, sus convicciones. Pero trate de evitar reproducir mecánicamente las figuras y maneras de su escritura, pues, si usted no consigue elaborar un estilo personal, el que conviene más que ningún otro a aquello que quiere usted contar, sus historias difícilmente llegarán a embeberse del poder de persuasión que las haga vivir.

Buscar y encontrar el estilo propio es posible. Lea usted la primera y la segunda novela de Faulkner. Verá que entre la mediocre *Mosquitos (Mosquitoes)* y la notable *Banderas sobre el polvo (Flags in the dust),* la primera versión de *Sartoris,* el escritor sureño encontró *su* estilo, ese laberíntico y majestuoso lenguaje entre religioso, mítico y épico capaz de animar la saga de *Yoknapatawpha.* Flaubert también buscó y encontró el suyo entre su primera versión de *La tentación de San Antonio,* de prosa torrencial, desmoronada, de lirismo romántico, y *Madame Bovary,* donde aquel desmelenamiento estilístico fue sometido a una severísima purga, y toda la exuberancia emocional y lírica que había en él fue reprimida sin contemplaciones, en pos de una «ilusión de realidad» que, en efecto, conseguiría de manera inigualable en los cinco años de trabajo sobrehumano que le tomó escribir su primera obra maestra. No sé si usted sabe que Flaubert tenía, respecto del estilo, una teoría: la del *mot juste.* La palabra justa era aquella —única— que podía expresar cabalmente la idea. La obligación del escritor era encontrarla. ¿Cómo sabía cuándo la había encontrado?

Se lo decía el oído: la palabra era *justa* cuando sonaba bien. Aquel ajuste perfecto entre forma y fondo —entre palabra e idea— se traducía en armonía musical. Por eso, Flaubert sometía todas sus frases a la prueba de «*la gueulade*» (de la chillería o vocerío). Salía a leer en voz alta lo que había escrito, en una pequeña alameda de tilos que todavía existe en lo que fue su casita de Croisset: la *allée des gueulades* (la alameda del vocerío). Allí leía a voz en cuello lo que había escrito y el oído le decía si había acertado o debía seguir buscando los vocablos y frases hasta alcanzar aquella perfección artística que persiguió con tenacidad fanática hasta que la alcanzó.

¿Recuerda usted el verso de Rubén Darío: «Una forma que no encuentra mi estilo»? Durante mucho tiempo me desconcertó este verso, porque ¿acaso el estilo y la forma no son la misma cosa? ¿Cómo se puede buscar una forma, teniéndola ya? Ahora entiendo mejor que sí es posible, porque, como le dije en una carta anterior, la escritura es sólo un aspecto de la forma literaria. Otro, no menos importante, es la técnica, pues las palabras no se bastan para contar buenas historias. Pero esta carta se ha prolongado demasiado y sería prudente dejar este asunto para más adelante.

Un abrazo.

V

EL NARRADOR.
EL ESPACIO

Querido amigo:

Me alegro que me anime a hablar de la estructura de la novela, esa artesanía que sostiene como un todo armónico y viviente las ficciones que nos deslumbran y cuyo poder persuasivo es tan grande que nos parecen soberanas: autogeneradas y autosuficientes. Pero, ya sabemos que sólo lo parecen. En el fondo, no lo son, han conseguido contagiarnos esa ilusión gracias a la hechicería de su escritura y destreza de su fábrica. Ya hablamos sobre el estilo narrativo. Nos toca, ahora, considerar lo relativo a la organización de los materiales de que consta una novela, las técnicas de que se sirve el novelista para dotar a lo que inventa de poder sugestivo.

La variedad de problemas o desafíos a que debe hacer frente quien se dispone a escribir una historia puede agruparse en cuatro grandes grupos, según se refieran

a)	al narrador,

b)	al espacio,

c)	al tiempo, y

d)	al nivel de realidad.

Es decir, a quien narra la historia y a los tres puntos de vista que aparecen en toda novela íntimamente entrelazados y de cuya elección y manejo depende, tanto como de la eficacia del estilo, que una ficción consiga sorprendernos, conmovernos, exaltarnos o aburrirnos.

Me gustaría que habláramos hoy del narrador, el personaje más importante de todas las novelas (sin ninguna excepción) y del que, en cierta forma, dependen todos los demás. Pero, ante todo, conviene disipar un malentendido muy frecuente que consiste en identificar al narrador, quien cuenta la historia, con el autor, el que la escribe. Éste es un gravísimo error, que cometen incluso muchos novelistas, que, por haber decidido narrar sus historias en primera persona y utilizando deliberadamente su propia biografía como tema, creen ser los narradores de sus ficciones. Se equivocan. Un narrador es un ser hecho de palabras, no de carne y hueso como suelen ser los autores; aquél vive sólo en función de la novela que cuenta y mientras la cuenta (los confines de la ficción son los de su existencia), en tanto que el autor tiene una vida más rica y diversa, que antecede y sigue a la escritura de esa novela, y que ni siquiera mientras la está escribiendo absorbe totalmente su vivir.

El narrador es siempre un personaje inventado, un ser de ficción, al igual que los otros, aquellos a los que él «cuenta», pero más importante que ellos, pues de la manera como actúa —mostrándose u ocultándose, demorándose o precipitándose, siendo explícito o elusivo, gárrulo o sobrio, juguetón o serio— depende que éstos nos persuadan de su verdad o nos disuadan de ella y nos parezcan títeres o caricaturas. La conducta del narrador es determinante para la coherencia interna de una historia, la que, a su vez, es factor esencial de su poder persuasivo.

El primer problema que debe resolver el autor de una novela es el siguiente: «¿Quién va a contar la historia?» Las posibilidades parecen innumerables, pero, en términos generales, se reducen en verdad a tres opciones: un narrador-personaje, un narrador-omnisciente exterior y ajeno a la historia que cuenta, o un narrador-ambiguo del que no está claro si narra desde dentro o desde fuera del mundo narrado. Los dos primeros tipos de narrador son los de más antigua tradición; el último, en cambio, de solera recientísima, un producto de la novela moderna.

Para averiguar cuál fue la elección del autor, basta comprobar desde qué persona gramatical está contada la ficción: si desde un *él*, un *yo* o un *tú*. La persona gramatical desde la que habla el narrador nos informa sobre la situación que él ocupa en relación con el espacio donde ocurre la historia que nos refiere. Si lo hace desde un *yo* (o desde un *nosotros*, caso raro pero no imposible, acuérdese de *Citadelle* de Antoine de Saint-Exupéry o de muchos pasajes de

Las uvas de la ira de John Steinbeck) está dentro de ese espacio, alternando con los personajes de la historia. Si lo hace desde la tercera persona, un *él*, está fuera del espacio narrado y es, como ocurre en tantas novelas clásicas, un narrador-omnisciente, que imita a Dios Padre todopoderoso, pues lo ve todo, lo más infinitamente grande y lo más infinitamente pequeño del mundo narrado, y lo sabe todo, pero no forma parte de ese mundo, al que nos va mostrando desde afuera, desde la perspectiva de su mirada volante.

¿Y en qué parte del espacio se encuentra el narrador que narra desde la segunda persona gramatical, el *tú*, como ocurre, por ejemplo, en *L'emploi du temps* de Michel Butor, *Aura* de Carlos Fuentes, *Juan sin tierra* de Juan Goytisolo, *Cinco horas con Mario* de Miguel Delibes o en muchos capítulos de *Galíndez* de Manuel Vázquez Montalbán? No hay manera de saberlo de antemano, sólo en razón de esa segunda persona gramatical en la que se ha instalado. Pues el *tú* podría ser el de un narrador-omnisciente, exterior al mundo narrado, que va dando órdenes, imperativos, imponiendo que ocurra lo que nos cuenta, algo que ocurriría en ese caso merced a su voluntad omnímoda y a sus plenos poderes ilimitados de que goza ese imitador de Dios. Pero, también puede ocurrir que ese narrador sea una conciencia que se desdobla y se habla a sí misma mediante el subterfugio del *tú*, un narrador-personaje algo esquizofrénico, implicado en la acción pero que disfraza su identidad al lector (y a veces a sí mismo) mediante el artilugio del desdoblamiento. En las novelas narradas por un narrador que habla desde la segunda persona, no hay manera de saberlo con certeza, sólo de deducirlo por evidencias internas de la propia ficción.

Llamemos *punto de vista espacial* a esta relación que existe en toda novela entre el espacio que ocupa el narrador en relación con el espacio narrado y digamos que él se determina por la persona gramatical desde la que se narra. Las posibilidades son tres:

a) un narrador-personaje, que narra desde la primera persona gramatical, punto de vista en el que el espacio del narrador y el espacio narrado se confunden;

b) un narrador-omnisciente, que narra desde la tercera persona gramatical y ocupa un espacio distinto e independiente del espacio donde sucede lo que narra; y

c) un narrador-ambiguo, escondido detrás de una segunda persona gramatical, un *tú* que puede ser la voz de un narrador omnisciente y prepotente, que, desde afuera del espacio narrado, ordena imperativamente que suceda lo que sucede en la ficción, o la voz de un narrador-personaje, implicado en la acción, que, presa de timidez, astucia, esquizofrenia o mero capricho, se desdobla y se habla a sí mismo a la vez que habla al lector.

Me imagino que, esquematizado como acabo de hacerlo, el *punto de vista espacial* le parece muy claro, algo que se puede identificar con una simple ojeada a las primeras frases de una novela. Eso es así si nos quedamos en la generalización abstracta;

55

cuando nos acercamos a lo concreto, a los casos particulares, vemos que dentro de aquel esquema caben múltiples variantes, lo que permite que cada autor, luego de elegir un punto de vista espacial determinado para contar su historia, disponga de un margen ancho de innovaciones y matizaciones, es decir de originalidad y libertad.

¿Recuerda usted el comienzo del *Quijote*? Estoy seguro que sí, pues se trata de uno de los más memorables arranques de novela de que tengamos memoria: «En un lugar de la Mancha de cuyo nombre no quiero *acordarme...*» Atendiendo a aquella clasificación, no hay la menor duda: el narrador de la novela está instalado en la primera persona, habla desde un *yo*, y, por lo tanto, es un narrador-personaje cuyo espacio es el mismo de la historia. Sin embargo, pronto descubrimos que, aunque ese narrador se entrometa de vez en cuando como en la primera frase y nos hable desde un *yo*, no se trata en absoluto de un narrador-personaje, sino de un narrador-omnisciente, el típico narrador émulo de Dios, que, desde una envolvente perspectiva exterior nos narra la acción como si narrara desde fuera, desde un *él*. De hecho, narra desde un él, salvo en algunas contadas ocasiones en que, como al principio, se *muda* a la primera persona y se muestra al lector, relatando desde un *yo* exhibicionista y distractor (pues su presencia súbita en una historia de la que no forma parte es un espectáculo gratuito y que distrae al lector de lo que en aquélla está ocurriendo). Esas mudas o saltos en el punto de vista espacial —de un yo a un él, de un narrador-omnisciente a un narrador-personaje o viceversa— alteran la perspectiva, la distancia de lo narrado, y pueden ser justificados o no serlo. Si no lo son, si con esos cambios de perspectiva espacial sólo asistimos a un alarde gratuito de la omnipotencia del narrador, entonces, la incongruencia que introducen conspira contra la ilusión debilitando los poderes persuasivos de la historia.

Pero, también, nos dan una idea de la versatilidad de que puede gozar un narrador, y de las *mudas* a que puede estar sometido, modificando, con esos saltos de una persona gramatical a otra, la perspectiva desde la cual se desenvuelve lo narrado.

Veamos algunos casos interesantes de versatilidad, de esos *saltos* o *mudas* espaciales del narrador. Seguro que usted recuerda el inicio de *Moby Dick*, otro de los más turbadores de la novela universal: «*Call me Ishmael*.» (Supongamos que me llamo Ismael.) Extraordinario comienzo ¿no es cierto? Con sólo tres palabras inglesas, Melville consigue crear en nosotros una hormigueante curiosidad sobre este misterioso narrador-personaje cuya identidad se nos oculta, pues ni siquiera es seguro que se llame Ismael. El punto de vista espacial está muy bien definido, desde luego. Ismael habla desde la primera persona, es un personaje más de la historia, aunque no el más importante —lo es el fanático e iluminado Capitán Achab (*Captain Ahab*), o, acaso, su enemiga, esa ausencia tan obsesiva y tan presente que es la ballena blanca a la que persigue por todos los mares del mundo—, pero sí un testigo y participante de gran parte de aquellas aventuras que cuenta (las que no, las conoce de oídas y retransmite al lector). Este punto de vista está rigurosamente respetado por el autor a lo largo de la historia, pero sólo hasta el episodio final. Hasta entonces, la coherencia en el punto de vista espacial es absoluta, porque Ismael sólo cuenta (sólo sabe) aquello que puede conocer a través de su propia experiencia de personaje implicado en la historia, coherencia que fortalece el poder de persuasión de la novela. Pero, al final, como usted recordará, sucede esa terrible hecatombe, en la que la monstruosa bestia marina da cuenta del capitán Achab y de todos los marineros de su barco, el *Pequod*. Desde un punto de vista objetivo y en nombre de aquella coherencia interna de la historia, la conclusión lógica sería que Ismael sucumbiera también con sus compañeros de aventura. Pero, si este desenvolvimiento lógico hubiera sido respetado ¿cómo hubiera sido posible que nos contara la historia alguien que perece en ella? Para evitar esa incongruencia y no convertir *Moby Dick* en una historia fantástica, cuyo narrador estaría contándonos la ficción desde la ultratumba, Melville hace sobrevivir (milagrosamente) a Ismael, hecho del que nos enteramos en una posdata de la historia. Esta posdata la escribe ya no el propio Ismael, sino un narrador-omnisciente, ajeno al mundo narrado. Hay, pues, en las páginas finales de *Moby Dick*, una muda espacial, un salto del punto de vista de un narrador-personaje, cuyo espacio es el de la historia narrada, a un narrador-omnisciente, que ocupa un espacio diferente y mayor que el espacio narrado (ya que desde el suyo puede observar y describir a este último).

De más está decirle algo que usted debe de haber reconocido hace rato: que esas mudanzas de narrador no son infrecuentes en las novelas. Todo lo contrario, es normal que las novelas sean contadas (aunque no siempre lo advirtamos a primera vista) no por uno, sino por dos y a veces varios narradores, que se van relevando unos a otros, como en una carrera de postas, para contar la historia.

El ejemplo más gráfico de este relevo de narradores —de mudas espaciales— que se me viene a la cabeza es el de *Mientras agonizo*, esa novela de Faulkner que relata el viaje de la familia Bundren por el mítico territorio sureño para enterrar a la madre, Addie Bundren, que quería que sus huesos reposaran en el lugar donde nació. Ese viaje tiene rasgos· bíblicos y épicos, pues ese cadáver se va descomponiendo bajo el implacable sol del *Deep South*, pero la familia prosigue impertérrita su tránsito animada por esa convicción fanática que suelen lucir los personajes faulknerianos. ¿Recuerda cómo está contada esa novela o, mejor dicho, quién la cuenta? Muchos narradores: todos los miembros de la familia Bundren. La historia va pasando por las conciencias de cada uno de ellos, estableciendo una perspectiva itinerante y plural. El narrador es, en todos los casos, un narrador-personaje, implicado en la acción, instalado en el espacio narrado. Pero, aunque en este sentido el punto.de vista espacial se mantiene incambiado, la identidad de ese narrador cambia de un personaje a otro, de tal modo que en este caso las mudas tienen lugar —no como en *Moby Dick* o en el *Quijote*—, de un punto de vista espacial a otro sino, sin salir del espacio narrado, de un personaje a otro personaje.

Si estas mudas son justificadas, pues contribuyen a dotar de mayor densidad y riqueza anímica, de más vivencias a la ficción, esas *mudas* resultan invisibles al lector, atrapado por la excitación y curiosidad que despierta en él la historia. En cambio, si no consiguen este efecto, logran el contrario: esos recursos técnicos se hacen visibles y por ello nos parecen forzados y arbitrarios, unas camisas de fuerza que privan de espontaneidad y autenticidad a los personajes de la historia. No es el caso del *Quijote* ni de *Moby Dick*, claro está.

Y tampoco lo es el de la maravillosa *Madame Bovary*, otra catedral del género novelesco, en la que asistimos también a una interesantísima muda espacial. ¿Recuerda usted el comienzo? «Nos encontrábamos en clase cuando entró el director. Le seguían un nuevo alumno con traje dominguero y un bedel cargado con un gran pupitre.» ¿Quién es el narrador? ¿Quién habla desde ese *nosotros*? No lo sabremos nunca. Lo único evidente es que se trata de un narrador-personaje, cuyo espacio es el mismo de lo narrado, testigo presencial de aquello que cuenta pues lo cuenta desde la primera persona del plural. Como habla desde un nosotros, no se puede descartar que se trate de un personaje colectivo, acaso el conjunto de alumnos de esa clase a la que se incorpora el joven Bovary. (Yo, si usted me permite citar a un pigmeo junto a ese gigante que es Flaubert, conté un relato, *Los cachorros*, desde el punto de vista espacial de un narrador-personaje colectivo, el grupo de amigos del barrio del protagonista, Pichulita Cuéllar.) Pero podría tratarse también de un alumno singular, que hable desde un «nosotros» por discreción, modestia o timidez. Ahora bien, este punto de vista se mantiene apenas unas cuantas páginas, en las que, dos o tres veces, escuchamos esa voz en primera persona refiriéndonos una historia de la que se presenta inequívocamente como testigo. Pero, en un momento difícil de precisar —en esa astucia hay otra proeza técnica— esa voz deja de ser la de un narrador-personaje y muda a la de un narrador-omnisciente, ajeno a la historia, instalado en un espacio diferente al de ésta, que ya no narra desde un *nosotros* sino desde la tercera persona gramatical: él. En este caso, la muda es *del* punto de vista: éste era al principio el de un personaje y es luego el de un Dios omnisciente e invisible, que lo sabe todo y lo ve todo y lo cuenta todo sin mostrarse ni contarse jamás él mismo. Ese nuevo punto de vista será rigurosamente respetado hasta el final de la novela.

Flaubert, que, en sus cartas, desarrolló toda una teoría sobre el género novelesco, fue un empeñoso partidario de la invisibilidad del narrador, pues sostenía que eso que hemos llamado soberanía o autosuficiencia de una ficción, dependía de que el lector olvidara que aquello que leía le estaba siendo contado por alguien y de que tuviera la impresión de que estaba autogenerándose bajo sus ojos, como por un acto de necesidad congénito a la propia novela. Para conseguir la invisibilidad del narrador-omnisciente, creó y perfeccionó diversas técnicas, la primera de las cuales fue la de la neutralidad e impasibilidad del narrador. Éste debía limitarse a narrar y no opinar sobre lo que narraba. Comentar, interpretar, juzgar son intrusiones del narrador en la historia, manifestaciones de una presencia (de un espacio y realidad) distinta de aquéllas que conforman la realidad novelesca, algo que mata la ilusión de autosuficiencia de la ficción, pues delata su naturaleza adventicia, derivada, dependiente de algo, alguien, ajeno a la historia. La teoría de Flaubert sobre la «objetividad» del narrador, como precio de su invisibilidad, ha sido seguida largamente por los novelistas modernos (por muchos sin siquiera saberlo) y por esa razón no es exagerado tal vez llamarlo el novelista que inaugura la novela moderna, trazando entre ésta y la novela romántica o clásica una frontera técnica.

Esto no significa, desde luego, que, porque en ellas el narrador es menos invisible, y a veces demasiado visible, las novelas románticas o las clásicas nos parezcan defectuosas, incongruentes, carentes de poder de persuasión. Nada de eso. Significa, sólo, que cuando leemos una novela de Dickens, Victor Hugo, Voltaire, Daniel Defoe o Thackeray, tenemos que reacomodarnos como lectores, adaptarnos a un espectáculo diferente del que nos ha habituado la novela moderna.

Esta diferencia tiene que ver sobre todo con la

distinta manera de actuar en unas y otras del narrador-omnisciente. Éste, en la novela moderna suele ser invisible o por lo menos discreto, y, en aquélla, una presencia destacada, a veces tan arrolladora que, a la vez que nos cuenta la historia, parece contarse a sí mismo y a veces hasta utilizar lo que nos cuenta como un pretexto para su exhibicionismo desaforado.

¿No es eso lo que ocurre en esa gran novela del siglo XIX, *Los miserables*? Se trata de una de las más ambiciosas creaciones narrativas de ese gran siglo novelesco, una historia que está amasada con todas las grandes experiencias sociales, culturales y políticas de su tiempo y las vividas por Victor Hugo a lo largo de los casi treinta años que le tomó escribirla (retomando el manuscrito varias veces después de largos intervalos). No es exagerado decir que *Los miserables* es un formidable espectáculo de exhibicionismo y egolatría de su narrador —un narrador omnisciente—, técnicamente ajeno al mundo narrado, encaramado en un espacio exterior y distinto a aquél donde evolucionan y se cruzan y descruzan las vidas de Jean Valjean, Monseñor Bienvenu (Bienvenido Myriel), Gavroche, Marius, Cosette, toda la riquísima fauna humana de la novela. Pero, en verdad, ese narrador está más presente en el relato que los propios personajes, pues, dotado de una personalidad desmesurada y soberbia, de una irresistible megalomanía, no puede dejar de mostrarse todo el tiempo a la vez que nos va mostrando la historia: con frecuencia interrumpe la acción, a veces saltando a la primera persona desde la tercera, para opinar sobre lo que ocurre, pontificar sobre filosofía, historia, moral, religión, juzgar a sus personajes, fulminándolos con condenas inapelables o ponderándolos y elevándolos a las nubes por sus prendas cívicas y espirituales. Este narrador-Dios (y nunca mejor empleado que en este caso el epíteto divino) no sólo nos da pruebas continuas de su existencia, del carácter ancilar y dependiente que tiene el mundo narrado; también, despliega ante los ojos del lector, además de sus convicciones y teorías, sus fobias y simpatías, sin el menor tapujo ni precaución ni escrúpulo, convencido de su verdad, de la justicia de su causa en todo lo que cree, dice y hace. Estas intromisiones de narrador, en un novelista menos diestro y poderoso que Victor Hugo, servirían para destruir enteramente el poder de persuasión de la novela. Esas intromisiones del narrador-omnisciente constituirían lo que los críticos de la corriente estilística llamarían una «ruptura de sistema», incoherencias e incongruencias que matarían la ilusión y privarían totalmente a la historia de crédito ante el lector. Pero no ocurre así. ¿Por qué? Porque, muy pronto, el lector moderno se aclimata a esas intromisiones, las siente como parte inseparable del sistema narrativo, de una ficción cuya naturaleza consta, en verdad, de dos historias íntimamente mezcladas, inseparables la una de la otra: la de los personajes y la anécdota narrativa que comienza con el robo de los candelabros que lleva a cabo Jean Valjean en casa del obispo Monsieur Bienvenu, y termina cuarenta años más tarde, cuando el ex forzado, santificado por los sacrificios y virtudes de su heroica vida, entra en la eternidad, con esos mismos candelabros en las manos, y la historia del propio narrador, cuyas piruetas, exclamaciones, reflexiones, juicios, caprichos, sermones, constituyen el contexto intelectual, un telón de fondo ideológico-filosófico-moral de lo narrado.

¿Podríamos, imitando al narrador egolátrico y arbitrario de *Los miserables*, hacer un alto en este punto, y hacer un balance de lo que llevo dicho sobre el *narrador*, el punto de vista espacial y el espacio novelesco? No creo que sea inútil el paréntesis, pues, si todo esto no ha quedado claro, me temo que lo que, incitado por su interés, comentarios y preguntas, le diga después (va a ser difícil que usted me ataje en estas reflexiones sobre el apasionante asunto de la forma novelesca) le resulte confuso y hasta incomprensible.

Para contar por escrito una historia, todo novelista inventa a un narrador, su representante o plenipotenciario en la ficción, él mismo una ficción, pues, como los otros personajes a los que va a contar, está hecho de palabras y sólo vive por y para esa novela. Este personaje, el narrador, puede estar dentro de la historia, fuera de ella o en una colocación incierta, según narre desde la primera, la tercera o la segunda persona gramatical. Ésta no es una elección gratuita: según el espacio que ocupe el narrador respecto de lo narrado, variará la distancia y el conocimiento que tiene sobre lo que cuenta. Es obvio que un narrador-personaje no puede saber —y por lo tanto describir y relatar— más que aquellas experiencias que están verosímilmente a su alcance, en tanto que un narrador-omnisciente puede saberlo todo y estar en todas partes del mundo narrado. Elegir uno u otro punto de vista, significa, pues, elegir unos condicionamientos determinados a los que el narrador debe someterse a la hora de narrar, y que, si no respeta, tendrán un efecto lesivo, destructor, en el poder de persuasión. Al mismo tiempo, del respeto que guarde de los límites que ese punto de vista espacial elegido le fija, depende en gran parte que aquel poder de persuasión funcione y lo narrado nos parezca verosímil, imbuido de esa «verdad» que parecen contener esas grandes mentiras que son las buenas novelas.

Es importantísimo subrayar que el novelista goza, a la hora de crear su narrador, de absoluta libertad, lo que significa, simplemente, que la distinción entre esos tres posibles tipos de narrador atendiendo al espacio que ocupan respecto del mundo narrado, de ningún modo implica que su colocación espacial agote sus atributos y personalidades. En absoluto. Hemos visto, a través de unos pocos ejemplos, qué diferentes podían ser esos narradores-omniscientes, esos dioses omnímodos que son los narradores de las novelas de un Flaubert o de un Victor Hugo, y no se diga en el caso de los narradores-personajes cuyas características pueden variar hasta el infinito, como es el caso de los personajes de una ficción.

Hemos visto también algo que debí tal vez mencionar al principio, algo que no hice por razones de claridad expositiva, pero que, estoy seguro, usted ya sabía, o ha descubierto leyendo esta carta, pues transpira naturalmente de los ejemplos que he citado. Y es lo siguiente: es raro, casi imposible, que una novela tenga *un* narrador. Lo común es que tenga varios, una serie de narradores que se van turnando unos a otros para contarnos la historia desde distintas perspectivas, a veces dentro de un mismo punto de vista espacial (el de un narrador-personaje, en libros como *La Celestina* o *Mientras agonizo*, que tienen, ambos, apariencia de libretos dramáticos) o saltando, mediante mudas, de uno a otro punto de vista, como en los ejemplos de Cervantes, Flaubert o Melville.

Podemos ir un poquito más lejos todavía, en torno al punto de vista espacial y las mudas espaciales de los narradores de las novelas. Si nos acercamos a echar una ojeada minuciosa, congeladora, armados de una lupa (una manera atroz e inaceptable de leer novelas, por supuesto), descubrimos que, en realidad, esas mudas espaciales del narrador no sólo ocurren, como en los casos de los que me he valido para ilustrar este tema, de una manera general y por largos períodos narrativos. Pueden ser mudas veloces y brevísimas, que duran apenas unas cuantas palabras, en las que se produce un sutil e inaprensible desplazamiento espacial del narrador.

Por ejemplo, en todo diálogo entre personajes privado de acotaciones, hay una muda espacial, un cambio de narrador. Si, en una novela en que hablan Pedro y María, narrada hasta este momento por un narrador omnisciente, excéntrico a la historia, se inserta de pronto este intercambio:

—Te amo, María.

—Yo te amo también, Pedro.

por el brevísimo instante de proferir aquella declaración de amor, el narrador de la historia ha mudado de un narrador-omnisciente (que narra desde un él) a un narrador-personaje, un implicado en la narración (Pedro y María), y ha habido luego, dentro de ese punto de vista espacial de narrador-personaje, otra muda entre dos personajes (de Pedro a María), para retornar luego el relato al punto de vista espacial del narrador-omnisciente. Naturalmente, no se habrían producido aquellas mudas si ese breve diálogo hubiera estado descrito sin la omisión de las acotaciones («Te amo, María», *dijo Pedro*, «Yo te amo también, Pedro», *repuso María*), pues en ese caso el relato habría estado siempre narrado desde el punto de vista del narrador-omnisciente.

¿Le parecen menudencias sin importancia estas mudas ínfimas, tan rápidas que el lector ni siquiera las advierte? No lo son. En verdad, nada deja de tener importancia en el dominio formal, y son los pequeños detalles, acumulados, los que deciden la excelencia o la pobreza de una factura artística. Lo evidente, en todo caso, es que esa ilimitada libertad que tiene el autor para crear a su narrador y dotarlo de atributos (moverlo, ocultarlo, exhibirlo, acercarlo, alejarlo y mudarlo en narradores diferentes o múltiples dentro de un mismo punto de vista espacial o saltando entre distintos espacios) no es ni puede ser arbitraria, debe estar justificada en función del poder de persuasión de la historia que esa novela cuenta.

Los cambios de punto de vista pueden enriquecer una historia, adensarla, sutilizarla, volverla misteriosa, ambigua, dándole una proyección múltiple, poliédrica, o pueden también sofocarla y desintegrarla si en vez de hacer brotar en ella las vivencias —la ilusión de vida— esos alardes técnicos, tecnicismos en este caso, resultan en incongruencias o en gratuitas y artificiales complicaciones o confusiones que destruyen su credibilidad y hacen patente al lector su naturaleza de mero artificio.

Un abrazo y hasta pronto, espero.

VI

EL TIEMPO

Querido amigo:

Celebro que estas reflexiones sobre la estructura novelesca le descubran algunas pistas para adentrarse, como un espeleólogo en los secretos de una montaña, en las entrañas de la ficción. Le propongo ahora que, luego de haber echado un vistazo a las características del narrador en relación con el espacio novelesco (lo que, con un lenguaje antipáticamente académico llamé el *punto de vista espacial* en la novela), examinemos ahora el tiempo, aspecto no menos importante de la forma narrativa y de cuyo tratamiento depende, ni más ni menos que del espacio, el poder persuasivo de una historia.

También sobre este asunto conviene, de entrada, despejar algunos prejuicios, no por antiguos menos falsos, para entender *qué es* y *cómo es* una novela.

Me refiero a la ingenua asimilación que suele

hacerse entre el tiempo real (que llamaremos, desafiando el pleonasmo, el tiempo cronológico dentro del cual vivimos inmersos lectores y autores de novelas) y el tiempo de la ficción que leemos, un tiempo o transcurrir esencialmente distinto del real, un tiempo tan inventado como lo son el narrador y los personajes de las ficciones atrapados en él. Al igual que en el punto de vista espacial, en el punto de vista temporal que encontramos en toda novela el autor ha volcado una fuerte dosis de creatividad y de imaginación, aunque, en muchísimos casos, no haya sido consciente de ello. Como el narrador, como el espacio, el tiempo en que transcurren las novelas es también una ficción, una de las maneras de que se vale el novelista para emancipar a su creación del mundo real y dotarla de esa (aparente) autonomía de la que, repito, depende su poder de persuasión.

Aunque el tema del tiempo, que ha fascinado a tantos pensadores y creadores (Borges entre ellos, que fantaseó muchos textos sobre él), ha dado origen a múltiples teorías, diferentes y divergentes, todos, creo, podemos ponernos de acuerdo por lo menos en esta simple distinción: hay un tiempo cronológico y un tiempo psicológico. Aquél existe objetivamente, con independencia de nuestra subjetividad, y es el que medimos por el movimiento de los astros en el espacio y las distintas posiciones que ocupan entre sí los planetas, ese tiempo que nos roe desde que nacemos hasta que desaparecemos y preside la fatídica curva de la vida de todo lo existente. Pero, hay también un tiempo psicológico, del que somos conscientes en función de lo que hacemos o dejamos de hacer y que gravita de manera muy distinta en nuestras emociones. Ese tiempo pasa de prisa cuando gozamos y estamos inmersos en experiencias intensas y exaltantes, que nos embelesan, distraen y absorben. En cambio, se alarga y parece infinito —los segundos, minutos; los minutos, horas— cuando esperamos o sufrimos y nuestra circunstancia o situación particular (la soledad, la espera, la catástrofe que nos rodea, la expectativa por algo que debe o no debe ocurrir) nos da una conciencia aguda de ese transcurrir que, precisamente porque quisiéramos que se acelerara, parece atrancarse, rezagarse y pararse.

Me atrevo a asegurarle que es una ley sin excepciones (otra de las poquísimas en el mundo de la ficción) que el de las novelas es un tiempo construido a partir del tiempo psicológico, no del cronológico, un tiempo subjetivo al que la artesanía del novelista (del *buen* novelista) da apariencia de objetividad, consiguiendo de este modo que su novela tome distancia y diferencie del mundo real (obligación de toda ficción que quiere vivir por cuenta propia).

Quizás esto quede más claro con un ejemplo. ¿Ha leído usted ese maravilloso relato de Ambrose Bierce, «Un suceso en el puente del riachuelo del Búho» (*An occurrence at Owl Creek Bridge*)? Durante la guerra civil norteamericana, un hacendado sureño, Peyton Farquhar, que intentó sabotear un ferrocarril, va a ser ahorcado, desde un puente. El relato comienza cuando la soga se ajusta sobre el cuello de ese pobre hombre al que rodea un pelotón de soldados encargados de su ejecución. Pero, al darse la orden que pondrá fin a su vida, se rompe la soga y el condenado cae al río. Nadando, gana la ribera, y consigue escapar ileso de las balas que le disparan los soldados desde el puente y las orillas. El narrador-omnisciente narra desde muy cerca de la conciencia en movimiento de Peyton Farquhar, al que vemos huir por el bosque, perseguido, rememorando episodios de su pasado y acercándose a aquella casa donde vive y lo espera la mujer que ama, y donde siente que, cuando llegue, burlando a sus perseguidores, estará a salvo. La narración es angustiante, como su azarosa fuga. La casa está allí, a la vista, y el perseguido divisa por fin, apenas cruza el umbral, la silueta de su esposa. En el momento de abrazarla, se cierra sobre el cuello del condenado la soga que había comenzado a cerrarse al principio del cuento, uno o dos segundos atrás. Todo aquello ha ocurrido en un rapto brevísimo, ha sido una instantánea visión efímera que la narración ha dilatado, creando un tiempo aparte, propio, de palabras, distinto del real (que consta apenas de un segundo, el tiempo de la acción objetiva de la historia). ¿No es evidente en este ejemplo la manera como la ficción construye su *propio* tiempo, a partir del tiempo psicológico?

Una variante de este mismo tema es otro cuento famoso de Borges, «El milagro secreto», en el que, en el momento de la ejecución del escritor y poeta checo Jaromir Hladik, Dios le concede un año de vida para que —mentalmente— termine el drama en verso *Los enemigos* que ha planeado escribir toda su vida. El año, en el que él consigue completar esa obra ambiciosa en la intimidad de su conciencia, transcurre entre la orden de «fuego» dictada por el jefe del batallón de ejecución y el impacto de las balas que pulverizan al fusilado, es decir en apenas un fragmento de segundo, un período infinitesimal. Todas las ficciones (y, sobre todo, las buenas) tienen su propio tiempo, un sistema temporal que les es privativo, diferente del tiempo real en que vivimos los lectores.

Para deslindar las propiedades originales del tiempo novelesco, el primer paso, como en lo relativo al espacio, es averiguar en esa novela concreta *el punto de vista temporal*, que no debe confundirse nunca con el *espacial*, aunque, en la práctica, ambos se hallen visceralmente unidos.

Como no hay manera de librarse de las definiciones (estoy seguro de que a usted le molestan tanto como a mí, pues las siente írritas al universo impredecible de la literatura) aventuremos ésta: el *punto de vista temporal* es la relación que existe en toda novela entre el tiempo del narrador y el tiempo de lo narrado. Como en el punto de vista espacial, las posibilidades por las que puede optar el novelista son sólo tres (aunque las variantes en cada uno de estos casos sean numerosas) y están determinadas por el tiempo verbal desde el cual el narrador narra la historia:

a) el tiempo del narrador y el tiempo de lo

narrado pueden coincidir, ser uno solo. En este caso, el narrador narra desde el presente gramatical;

b) el narrador puede narrar desde un pasado hechos que ocurren en el presente o en el futuro. Y, por último

c) el narrador puede situarse en el presente o en el futuro para narrar hechos que han ocurrido en el pasado (mediato o inmediato).

Aunque estas distinciones, formuladas en abstracto, puedan parecer un poco enrevesadas, en la práctica son bastante obvias y de captación inmediata, una vez que nos detenemos a observar en qué tiempo verbal se ha instalado el narrador para contar la historia.

Tomemos como ejemplo, no una novela, sino un cuento, acaso el más corto (y uno de los mejores) del mundo. «El dinosaurio», del guatemalteco Augusto Monterroso, consta de una sola frase:

«Cuando despertó, el dinosaurio todavía estaba allí.»

Perfecto relato, ¿no es cierto? Con un poder de persuasión imparable, por su concisión, efectismo, color, capacidad sugestiva y limpia factura. Reprimiendo en nosotros todas las riquísimas *otras* lecturas posibles de esta mínima joya narrativa, concentrémonos en su *punto de vista temporal*. ¿En qué tiempo verbal se halla lo narrado? En un pretérito indefinido: «despertó». El narrador está situado, pues, en el futuro, para narrar un hecho que ocurre ¿cuándo? ¿En el pasado mediato o inmediato en relación a ese futuro en que está el narrador? En el pasado mediato. ¿Cómo sé que el tiempo de lo narrado es un pasado mediato y no inmediato, en relación con el tiempo del narrador? Porque entre aquellos dos tiempos hay un abismo infranqueable, un hiato temporal, una puerta cerrada que ha abolido todo vínculo o relación de continuidad entre ambos. Ésa es la característica determinante del tiempo verbal que emplea el narrador: confinar la acción en un pasado (pretérito indefinido) cortado, escindido del tiempo en que él se encuentra. La acción de «El dinosaurio» ocurre pues en un pasado mediato respecto del tiempo del narrador; es decir, el punto de vista temporal es el caso *c* y, dentro de éste, una de sus dos posibles variantes:

— tiempo futuro (el del narrador)
— tiempo pasado mediato (lo narrado).

¿Cuál hubiera tenido que ser el tiempo verbal utilizado por el narrador para que su tiempo correspondiera a un pasado inmediato de ese futuro en que se halla el narrador? Éste (y que Augusto Monterroso me perdone por estas manipulaciones de su hermoso texto):

«Cuando ha despertado, el dinosaurio todavía está ahí.»

El pretérito perfecto (el tiempo preferido de Azorín, dicho sea de paso, en el que están contadas casi todas sus novelas) tiene la virtud de relatar acciones que, aunque ocurren en el pasado, se alargan hasta tocar el presente, acciones que se demoran y parecen estar acabando de ocurrir en el momento mismo en que las relatamos. Ese pasado cercanísimo, inmediato, no está separado sin remedio del narrador como en el caso anterior («despertó»); el narrador y lo narrado se hallan en una cercanía tal que casi se tocan, algo diferente de esa otra distancia, insalvable, del pretérito indefinido, que arroja hacia un futuro autónomo el mundo del narrador, un mundo sin relación con el pasado en que sucedió la acción.

Ya tenemos claro, me parece, a través de este ejemplo, uno de los tres posibles *puntos de vista temporales* (en sus dos variantes) de esa relación: la de un narrador situado en el futuro que narra acciones que suceden en el pasado mediato o en el inmediato. (El caso *c*.)

Pasemos ahora, valiéndonos siempre de «El dinosaurio», a ejemplificar el caso primero (*a*), el más sencillo y evidente de los tres: aquél en que coinciden el tiempo del narrador y el de lo narrado. Este *punto de vista temporal* exige que el narrador narre desde un presente del indicativo:

«Despierta y el dinosaurio todavía está allí.»

El narrador y lo narrado comparten el tiempo. La historia *está ocurriendo* a medida que el narrador nos la cuenta. La relación es muy distinta a la anterior, en la que veíamos dos tiempos diferenciados y en la que el narrador, por hallarse en un tiempo posterior al de los hechos narrados, tenía una visión temporal acabada, total, de lo que iba narrando. En el caso *a*, el conocimiento o perspectiva que tiene el narrador es más encogido, sólo abarca lo que va ocurriendo a medida que ocurre, es decir, a medida que lo va contando. Cuando el tiempo del narrador y el tiempo narrado se confunden gracias al presente del indicativo (como suele ocurrir en las novelas de Samuel Beckett o en las de Robbe-Grillet) la inmediatez que tiene lo narrado es máxima; mínima, cuando se narra en el pretérito indefinido y sólo mediana cuando se narra en el pretérito perfecto.

Veamos ahora el caso *b*, el menos frecuente y, desde luego, el más complejo: el narrador se sitúa en un pasado para narrar hechos que no han ocurrido, que van a ocurrir, en un futuro inmediato o mediato. He ahí ejemplos de posibles variantes de este *punto de vista temporal*:

a)   «Despertarás y el dinosaurio todavía estará allí.»

b)   «Cuando despiertes, el dinosaurio todavía estará allí.»

c)   «Cuando hayas despertado, el dinosaurio todavía estará allí.»

Cada caso (hay otros posibles) constituye un leve matiz, establece una distancia diferente entre el tiempo del narrador y el del mundo narrado, pero el denominador común es que en todos ellos el narrador narra hechos que no han ocurrido todavía, ocurrirán cuando él haya terminado de narrarlos y sobre los cuales, por lo tanto, gravita una indeterminación esencial: no hay la misma certeza de que *ocurran* como cuando el narrador se coloca en un presente o futuro para narrar hechos ya ocurridos o que van ocurriendo mientras los narra. Además de impregnar de relatividad y dudosa naturaleza a lo narrado, el narrador instalado en el pretérito para narrar hechos que ocurrirán en un futuro mediato o inmediato consigue mostrarse con mayor fuerza, lucir sus poderes omnímodos en el universo de la ficción, ya que, por utilizar tiempos verbales futuros, su relato resulta una sucesión de imperativos, una secuencia de órdenes para que ocurra lo que narra. La prominencia del narrador es absoluta, abrumadora, cuando una ficción está narrada desde este *punto de vista temporal*. Por eso, un novelista no puede usarlo sin ser consciente de ello, es decir, si no quiere, mediante aquella incertidumbre y el exhibicionismo del poderío del narrador, contar algo que *sólo contado así* alcanzará poder de persuasión.

Una vez identificados los tres posibles *puntos de vista temporales*, con las variantes que cada uno de ellos admite, establecido que la manera de averiguarlo es consultando el tiempo gramatical desde el que narra el narrador y en el que se halla la historia narrada, es preciso añadir que es rarísimo que en una ficción haya un solo *punto de vista temporal*. Lo acostumbrado es que, aunque suele haber uno dominante, el narrador se desplace entre distintos *puntos de vista temporales*, a través de *mudas* (cambios del tiempo gramatical) que serán tanto más eficaces cuanto menos llamativas sean y más inadvertidas pasen al lector. Esto se consigue mediante la coherencia del sistema temporal (mudas del tiempo del narrador y/o del tiempo narrado que siguen una cierta pauta) y la necesidad de las mudas, es decir, que no parezcan caprichosas, mero alarde, sino que ellas den mayor significación —densidad, complejidad, intensidad, diversidad, relieve— a los personajes y a la historia.

Sin entrar en tecnicismos, puede decirse, sobre todo de las novelas modernas, que la historia circula en ellas en lo que respecta al tiempo como por un espacio; ya que el tiempo novelesco es algo que se alarga, se demora, se inmoviliza o echa a correr de manera vertiginosa. La historia se *mueve* en el tiempo de la ficción como por un territorio, va y viene por él, avanza a grandes zancadas o a pasitos menudos, dejando en blanco (aboliéndolos) grandes períodos cronológicos y retrocediendo luego a recuperar ese tiempo perdido, saltando del pasado al futuro y de éste al pasado con una libertad que nos está vedada a los seres de carne y hueso en la vida real. Ese tiempo de la ficción es pues una creación, al igual que el narrador.

Veamos algunos ejemplos de construcciones originales (o, diré, más visiblemente originales, ya que todas lo son) de tiempo novelesco. En vez de avanzar del pasado al presente, y de éste al futuro, la cronología del relato de Alejo Carpentier «Regreso a la semilla», avanza exactamente en la dirección contraria: al principio de la historia, su protagonista, Don Marcial, marqués de Capellanías, es un anciano agonizante y desde ese momento lo vemos progresar hacia su madurez, juventud, infancia, y, al final, a un mundo de pura sensación y sin conciencia («sensible y táctil») pues ese personaje aún no ha nacido, está en estado fetal en el claustro materno. No es que la historia esté contada al revés; en ese mundo ficticio, el tiempo progresa hacia atrás. Y, hablando de estados prenatales, quizás convenga recordar el caso de otra novela famosísima, el *Tristram Shandy*, de Laurence Sterne, cuyas primeras páginas —varias decenas— relatan la biografía del protagonista-narrador antes de que nazca, con irónicos detalles sobre su complicado engendramiento, formación fetal en el vientre de su madre y llegada al mundo. Los recovecos, espirales, idas y venidas del relato hacen de la estructura temporal de *Tristram Shandy* una curiosísima y extravagante creación.

También es frecuente que haya en las ficciones no uno sino dos o más tiempos o sistemas temporales coexistiendo. Por ejemplo, en la más conocida novela de Günter Grass, *El tambor de hojalata*, el tiempo transcurre normalmente para todos, salvo para el protagonista, el célebre Oscar Matzerath (el de la voz vitricida y el tambor) que decide no crecer, atajar la cronología, abolir el tiempo y lo consigue, pues, a cornetazos, deja de crecer y vive una suerte de eternidad, rodeado de un mundo que, en torno suyo, sometido al fatídico desgaste impuesto por el dios Cronos, va envejeciendo, pereciendo y renovándose. Todo y todos, salvo él.

El tema de la abolición del tiempo y sus posibles consecuencias (horripilantes, según el testimonio de las ficciones) ha sido recurrente en la novela. Aparece, por ejemplo, en una no muy lograda historia de Simone de Beauvoir, *Todos los hombres son mortales (Tous les hommes sont mortels)*. Mediante un malabar técnico, Julio Cortázar se las arregló para que su novela más conocida hiciera volar en pedazos la inexorable ley del perecimiento a que está sometido lo existente. El lector que lee *Rayuela* siguiendo las instrucciones del *Tablero de dirección* que propone el narrador, no termina *nunca* de leerla, pues, al final, los dos últimos capítulos terminan remitiéndose uno a otro, cacofónicamente, y, en teoría (claro que no en la práctica) el lector dócil y disciplinado debería pasar el resto de sus días leyendo y releyendo esos capítulos, atrapado en un laberinto temporal sin posibilidad alguna de escapatoria.

A Borges le gustaba citar aquel relato de H. G. Wells (otro autor fascinado, como él, por el tema del tiempo) *The time machine*, en el que un hombre viaja al futuro y regresa de él con una rosa en la mano, como prenda de su aventura. Esa anómala rosa aún no nacida exaltaba la imaginación de Borges como paradigma del objeto fantástico.

Otro caso de tiempos paralelos es el relato de Adolfo Bioy Casares («La trama celeste»), en el que un aviador se pierde con su avión y reaparece luego, contando una extraordinaria aventura que nadie le cree: aterrizó en un tiempo distinto a aquél en el que despegó, pues en ese fantástico universo no hay un tiempo sino varios, diferentes y paralelos, coexistiendo misteriosamente, cada cual con sus objetos, personas y ritmos propios, sin que se logren interrelacionar, salvo en casos excepcionales como el accidente de ese piloto que nos permite descubrir la estructura de un universo que es como una pirámide de pisos temporales contiguos, sin comunicación entre ellos.

Una forma opuesta a la de estos universos temporales es la del tiempo intensificado de tal modo por la narración que la cronología y el transcurrir se van atenuando hasta casi pararse: la inmensa novela que es el *Ulises* de Joyce, recordemos, relata apenas veinticuatro horas en la vida de Leopoldo Bloom.

A estas alturas de esta larga carta, usted debe de estar impaciente por interrumpirme con una observación que le quema los labios: «Pero, en todo lo que lleva escrito hasta ahora sobre el *punto de vista temporal*, advierto una mezcla de cosas distintas: el tiempo como tema o anécdota (es el caso de los ejemplos de Alejo Carpentier y Bioy Casares) y el tiempo como forma, construcción narrativa dentro de la cual se desenvuelve la anécdota (el caso del tiempo eterno de *Rayuela*).» Esa observación es justísima. La única excusa que tengo (relativa, por cierto) es que incurrí en esa confusión de manera deliberada. ¿Por qué? Porque creo que, precisamente en este aspecto de la ficción, el *punto de vista temporal*, se puede advertir mejor lo indisolubles que son en una novela esa «forma» y ese «fondo» que he disociado de manera abusiva para examinar cómo es ella, su secreta anatomía.

El tiempo en toda novela, le repito, es una creación formal, ya que en ella la historia transcurre de una manera que no puede ser idéntica ni parecida a como lo hace en la vida real; al mismo tiempo, ese transcurrir ficticio, la relación entre el tiempo del narrador y el de lo narrado, depende enteramente de la historia que se cuenta utilizando dicha perspectiva temporal. Esto mismo se puede decir al revés, también: que del punto de vista temporal *depende* igualmente la historia que la novela cuenta. En realidad, se trata de una misma cosa, de algo inseparable cuando salimos del plano teórico en que nos estamos moviendo y nos acercamos a novelas concretas. En ellas descubrimos que no existe una «forma» (ni espacial, ni temporal ni de nivel de realidad) que se pueda disociar de la historia que toma cuerpo y vida (o no lo consigue) a través de las palabras que la cuentan.

Pero avancemos un poquito más en torno al tiempo y la novela hablando de algo congénito a toda narración ficticia. En todas las ficciones podemos identificar momentos en que el tiempo parece condensarse, manifestarse al lector de una manera tremendamente vívida, acaparando enteramente su atención, y períodos en que, por el contrario, la intensidad decae y amengua la vitalidad de los episodios; éstos, entonces, se alejan de nuestra atención, son incapaces de concentrarla, por su carácter rutinario, previsible, pues nos transmiten informaciones o comentarios de mero relleno, que sirven sólo para relacionar personajes o sucesos que de otro modo quedarían desconectados. Podemos llamar *cráteres* (*tiempos vivos*, de máxima concentración de vivencias) a aquellos episodios y *tiempos muertos* o transitivos a los otros. Sin embargo, sería injusto reprochar a un novelista la existencia de tiempos muertos, episodios meramente relacionadores en sus novelas. Ellos son también útiles, para establecer una continuidad e ir creando esa ilusión de un mundo, de seres inmersos en un entramado social, que ofrecen las novelas. La poesía puede ser un género intensivo, depurado hasta lo esencial, sin hojarasca. La novela, no. La novela es extensiva, se desenvuelve en el tiempo (un tiempo que ella misma crea) y finge ser «historia», referir la trayectoria de uno o más personajes dentro de cierto contexto social. Esto exige de ella un material *informativo* relacionador, conexivo, inevitable, aparte de aquel o aquellos cráteres o episodios de máxima energía que hacen avanzar, dar grandes saltos a la historia (mudándola a veces de naturaleza, desviándola hacia el futuro o hacia el pasado, delatando en ella unos trasfondos o ambigüedades insospechadas).

Esa combinación de cráteres o tiempos vivos y de tiempos muertos o transitivos, determina la configuración del tiempo novelesco, ese sistema cronológico propio que tienen las historias escritas, algo que es posible esquematizar en tres tipos de *punto de vista temporal*. Pero me adelanto a asegurarle que, aunque con lo que llevo dicho sobre el tiempo hemos avanzado algo en la averiguación de las características de la ficción, queda todavía mucho pan por rebanar. Ello irá asomando a medida que abordemos otros aspectos de la fabricación novelesca. Porque vamos a seguir desenrollando esa madeja interminable, ¿no?

Ya lo ve, me tiró usted la lengua y ahora no hay manera de hacerme callar.

Un cordial saludo y hasta pronto.

VII

EL NIVEL DE REALIDAD

Estimado amigo:

Mucho le agradezco su pronta respuesta y su deseo de que continuemos explorando la anatomía novelesca. También es una satisfacción saber que no tiene muchas objeciones que oponer a los puntos de vista espacial y temporal en una novela.

Me temo, sin embargo, que el punto de vista que vamos a investigar ahora, igualmente importante que aquéllos, no le resulte de tan fácil reconocimiento. Porque ahora entraremos en un terreno infinitamente más escurridizo que los del espacio y el tiempo. Pero, no perdamos tiempo en preámbulos.

Para empezar por lo más fácil, una definición general, digamos que el punto de vista del *nivel de realidad* es la relación que existe entre el nivel o plano de realidad en que se sitúa el narrador para narrar la novela y el nivel o plano de realidad en que transcurre lo narrado. En este caso, también, como en el espacio y el tiempo, los planos del narrador y de lo narrado pueden coincidir o ser diferentes, y esa relación determinará ficciones distintas.

Adivino su primera objeción. «Si, en lo relativo al espacio, es fácil determinar las tres únicas posibilidades de este punto de vista —narrador dentro de lo narrado, fuera de él o incierto—, y lo mismo respecto al tiempo —dado los marcos convencionales de toda cronología: presente, pasado o futuro— ¿no nos enfrentamos a un infinito inabarcable en lo que concierne a la realidad?» Sin duda. Desde un punto de vista teórico, la realidad puede dividirse y subdividirse en una multitud inconmensurable de planos, y, por lo mismo, dar lugar en la realidad novelesca a infinitos puntos de vista. Pero, querido amigo, no se deje usted abrumar por esa vertiginosa hipótesis. Afortunadamente, cuando pasamos de la teoría a la práctica (he aquí dos planos de realidad bien diferenciados) comprobamos que, en verdad, la ficción se mueve sólo dentro de un número limitado de niveles de realidad, y que, por lo tanto, sin pretender agotarlos todos, podemos llegar a reconocer los casos más frecuentes de este punto de vista (a mí tampoco me gusta esta fórmula, pero no he encontrado una mejor) de nivel de realidad.

Quizás los planos más claramente autónomos y adversarios que puedan darse sean los de un mundo «real» y un mundo «fantástico». (Uso las comillas para subrayar lo relativo de estos conceptos, sin los cuales, sin embargo, no llegaríamos a entendernos y, acaso, ni siquiera a poder usar el lenguaje.) Estoy seguro de que, aunque no le guste mucho (a mí tampoco), aceptará que llamemos real o realista (como opuesto a fantástico) a toda persona, cosa o suceso reconocible y verificable por nuestra propia experiencia del mundo y fantástico a lo que no lo es. La noción de fantástico comprende, pues, multitud de escalones diferentes: lo mágico, lo milagroso, lo legendario, lo mítico, etcétera.

Provisionalmente de acuerdo sobre este asunto, le diré que ésta es una de las relaciones de planos contradictorios o idénticos que puede darse en una novela entre el narrador y lo narrado. Y, para que ello se vea más claro, vayamos a un ejemplo concreto, valiéndonos otra vez de la brevísima obra maestra de Augusto Monterroso, «El dinosaurio»:

«Cuando despertó, el dinosaurio todavía estaba allí.»

¿Cuál es el punto de vista de nivel de realidad en este relato? Estará de acuerdo conmigo en que *lo narrado* se sitúa en un plano fantástico, pues en el mundo real, que usted y yo conocemos a través de nuestra experiencia, es improbable que los animales prehistóricos que se nos aparecen en el sueño —en las pesadillas— pasen a la realidad objetiva y nos los encontremos corporizados al pie de nuestra cama al abrir los ojos. Es evidente, pues, que el nivel de realidad de lo narrado es lo imaginario o fantástico. ¿Es también ése el plano en el que está situado el narrador (omnisciente e impersonal) que nos lo narra? Me atrevo a decir que no, que este narrador se ha situado más bien en un plano real o realista, es decir, opuesto y contradictorio en esencia al de aquello que narra. ¿Cómo lo sé? Por una brevísima pero inequívoca indicación, un santo y seña al lector, diríamos, que nos hace el parco narrador al contarnos esta apretada historia: el adverbio *todavía*. No es sólo una circunstancia temporal objetiva la que encierra esa palabra, indicándonos el milagro (el paso del dinosaurio de la irrealidad soñada a la realidad objetiva). Es, también, una llamada de atención, una manifestación de sorpresa o maravillamiento ante el extraordinario suceso. Ese *todavía* lleva unos invisibles signos de admiración a sus flancos y está implícitamente urgiéndonos a sorprendernos con el prodigioso acontecimiento. («Fíjense ustedes la notable ocurrencia: el dinosaurio está *todavía* allí, cuando es obvio que no debería estarlo, pues en la realidad real no ocurren estas cosas, ellas sólo son posibles en la realidad fantástica.») Así, ese narrador está narrando desde una realidad objetiva; si no, no nos induciría mediante la sabia utilización de un adverbio anfibológico a tomar conciencia de la transición del dinosaurio del sueño a la vida, de lo imaginario a lo tangible.

He aquí, pues, el punto de vista de nivel de realidad de «El dinosaurio»: un narrador que, situado en un mundo realista, refiere un hecho fantástico. ¿Recuerda usted otros ejemplos semejantes de este punto de vista? ¿Qué ocurre, por ejemplo, en el relato largo —o novela corta— de Henry James, *Una vuelta de tuerca* o *La vuelta del tornillo (The turn of the screw)* ya mencionado? La terrible mansión campestre que sirve de escenario a la historia, Bly, hospeda a fantasmas que se les aparecen a los pobres niños-personajes y a su gobernanta, cuyo testimonio —que nos transmite otro narrador-personaje— es el sustento de todo lo que sucede. Así, no hay duda de que lo narrado —el tema, la anécdota— se sitúa en el relato de James en un plano fantástico. ¿Y el narrador, en qué plano está? Las cosas comienzan a complicarse un poco, como siempre en Henry James, un mago de ingentes recursos en la combinación y manejo de los puntos de vista, gracias a lo cual sus historias tienen siempre una aureola sutil, ambigua, y se prestan a interpretaciones tan diversas. Recordemos que en la historia no hay *uno*, sino *dos* narradores (¿o serán tres, si añadimos al narrador invisible y omnisciente que antecede en todos los casos, desde la total invisibilidad, al narrador-personaje?) Hay un narrador primero o principal, innominado, que nos refiere haber escuchado leer a su amigo Douglas una historia, escrita por la misma gobernanta que nos cuenta la historia de los fantasmas. Aquel primer narrador se sitúa, visiblemente, en un plano «real» o «realista» para transmitir esa historia fantástica, que lo desconcierta y pasma a él tanto como a nosotros los lectores. Ahora bien, el otro narrador, esa narradora en segunda instancia, narradora derivada, que es la gobernanta y que «ve» al fantasma, es claro que no está en el mismo plano de realidad, sino más bien en uno fantástico, en el que —a diferencia de este mundo que conocemos por nuestra propia experiencia— los muertos vuelven a la tierra a «penar» en las casas que habitaron cuando estaban vivos, a fin de atormentar a los nuevos moradores. Hasta ahí, podríamos decir que el punto de vista de nivel de realidad de esta historia es el de una narración de hechos fantásticos, que consta de dos narradores, uno situado en un plano realista u objetivo y otro —la gobernanta— que más bien narra desde una perspectiva fantástica. Pero, cuando examinamos todavía más de cerca, con lupa, esta historia, percibimos una nueva complicación en este punto de vista de nivel de realidad. Y es que, a lo mejor, la gobernanta no ha visto a los celebérrimos fantasmas, que sólo ha creído verlos, o los ha inventado. Esta interpretación —que es la de algunos críticos—, si es cierta (es decir, si la elegimos los lectores como cierta), convierte a *The turn of the screw* en una historia realista, sólo que narrada desde un plano de pura subjetividad —el de la histeria o neurosis— de una solterona reprimida y sin duda con una innata propensión a ver cosas que no están ni son en el mundo real. Los críticos que proponen esta lectura de *Una vuelta de tuerca* leen este relato como una obra realista, ya que el mundo real abarca también el plano subjetivo, donde tienen lugar las visiones, ilusiones y fantasías. Lo que daría apariencia fantástica a este relato no sería su contenido sino la sutileza con que está contado; su punto de vista de nivel de realidad sería el de la pura subjetividad de un ser psíquicamente alterado que ve cosas que no existen y toma por realidades objetivas sus miedos y fantasías.

Bueno, he aquí dos ejemplos de las variantes que puede tener el punto de vista de nivel de realidad en uno de sus casos específicos, cuando hay en él una relación entre lo real y lo fantástico, el tipo de oposición radical que caracteriza a esa corriente literaria que llamamos fantástica (aglutinando en ella, le repito, materiales bastante diferentes entre sí). Le aseguro que si nos pusiéramos a examinar este punto de vista entre los más destacados escritores de literatura fantástica de nuestro tiempo —he aquí una rápida enumeración: Borges, Cortázar, Calvino, Rulfo, Pierre de Mandiargues, Kafka, García Márquez, Alejo Carpentier— encontraríamos que ese punto de vista —es decir, esa relación entre esos dos universos diferenciados que son los de lo real y lo irreal o fantástico tal como los encarnan o representan el narrador y lo narrado— da lugar a infinidad de matices y variantes, al punto de que, tal vez, no sea una exageración sostener que la originalidad de un escritor de literatura fantástica reside sobre todo en la manera como en sus ficciones aparece el punto de vista de nivel de realidad.

Ahora bien, la oposición (o coincidencia) de planos que hasta ahora hemos visto —lo real y lo irreal, lo realista y lo fantástico— es una oposición esencial, entre universos de naturaleza diferente. Pero la ficción real o realista consta también de planos diferenciados entre sí, aunque todos ellos existan y sean reconocibles por los lectores a través de su experiencia objetiva del mundo, y los escritores realistas puedan, por lo tanto, valerse de muchas opciones posibles en lo que concierne al punto de vista de nivel de realidad en las ficciones que inventan.

Quizás, sin salir de este mundo del realismo, la diferencia más saltante sea la de un mundo objetivo —de cosas, hechos, personas, que existen de por sí, en sí mismos— y un mundo subjetivo, el de la interioridad humana, que es el de las emociones, sentimientos, fantasías, sueños y motivaciones psicológicas de muchas conductas. Si usted se lo propone, su memoria le va a ofrecer de inmediato entre sus escritores preferidos a buen número que puede usted situar —en esta clasificación arbitraria— en el bando de escritores objetivos y a otros tantos en la de los subjetivos, según sus mundos novelescos tiendan principal o exclusivamente a situarse en una de estas dos caras de la realidad. ¿No es clarísimo que pondría usted entre los objetivos a un Hemingway y entre los subjetivos a un Faulkner? ¿Que merece figurar entre estos últimos una Virginia Woolf y entre aquéllos un Graham Greene? Pero, ya lo sé, no se enoje, estamos de acuerdo en que esa división entre objetivos y subjetivos es demasiado general, y que aparecen muchas diferencias entre los escritores afiliados en uno u otro de estos dos grandes modelos genéricos. (Ya veo que coincidimos en considerar que, en literatura, lo que importa es siempre el caso individual, pues el genérico es siempre insuficiente para decirnos todo lo que quisiéramos saber sobre la naturaleza particular de una novela concreta.)

Veamos algunos casos concretos, entonces. ¿Ha leído usted *La Jalousie*, de Alain Robbe-Grillet? No creo que sea una obra maestra, pero sí una novela muy interesante, acaso la mejor de su autor y una de las mejores que produjo ese movimiento —de poca duración— que conmovió el panorama literario francés en los años sesenta, *le nouveau roman* (o la nueva novela) y del que Robbe-Grillet fue portaestandarte y teorizador. En su libro de ensayos *(Pour un nouveau roman/Por una novela nueva)*, Robbe-Grillet explica que su pretensión es depurar la novela de todo psicologismo, más todavía, de subjetivismo e interioridad, concentrando su visión en la superficie exterior, física, de ese mundo objetalizado, cuya irreductible realidad reside en las cosas, «duras, tercas, inmediatamente presentes, irreductibles». Bueno, con esta (pobrísima) teoría, Robbe-Grillet escribió algunos libros soberanamente aburridos, si usted me permite la descortesía, pero también algunos textos cuyo interés innegable reside en lo que llamaríamos su destreza técnica. Por ejemplo, *La Jalousie*. Es una palabra muy poco objetiva —¡vaya paradoja!— pues en francés ella quiere decir simultáneamente «la celosía» y los «celos», una anfibología que en español desaparece. La novela es, me atrevo a decir, la descripción de una mirada glacial, objetiva, cuyo anónimo e invisible ser es presumiblemente un marido celoso, espiando a la mujer a la que cela. La originalidad (la acción diríamos, en tono risueño) de esa novela no está en el tema, pues no ocurre nada, o mejor dicho nada digno de memoria, salvo esa mirada incansable, desconfiada, insomne, que asedia a la mujer. Toda ella reside en el punto de vista de nivel de realidad. Se trata de una historia realista (ya que no hay en ella nada que no podamos reconocer

95

a través de nuestra experiencia), relatada por un narrador excéntrico al mundo narrado, pero tan próximo de ese observador que a ratos tendemos a confundir la voz de éste con la suya. Ello se debe a la rigurosa coherencia con que se respeta en la novela el punto de vista de nivel de realidad, que es sensorial, el de unos ojos encarnizados, que observan, registran y no dejan escapar nada de lo que hace y rodea a quien acechan, y que, por lo tanto, sólo pueden capturar (y transmitirnos) una percepción exterior, sensorial, física, visual del mundo, un mundo que es pura superficie —una realidad plástica—, sin trasfondo anímico, emocional o psicológico. Bueno, se trata de un punto de vista de nivel de realidad bastante original. Entre todos los planos o niveles de que consta la realidad, se ha confinado en uno solo —el visual— para contarnos una historia, que, por ello mismo, parece transcurrir exclusivamente en ese plano de total objetividad.

No hay duda de que este plano o nivel de realidad en el que Robbe-Grillet sitúa sus novelas (sobre todo *La Jalousie*) es totalmente diferente de aquel en el que solía situar las suyas Virginia Woolf, otra de las grandes revolucionarias de la novela moderna. Virginia Woolf escribió una novela fantástica, claro está —*Orlando*—, donde asistimos a la imposible transformación de un hombre en mujer, pero sus otras novelas pueden ser llamadas realistas, porque ellas están desprovistas de maravillas de esta índole. La «maravilla» que se da en ellas consiste en la delicadeza y finísima textura con que en ellas aparece «la realidad». Ello se debe, por supuesto, a la naturaleza de su escritura, a su estilo refinado, sutil, de una evanescente levedad y al mismo tiempo un poderosísimo poder de sugerencia y evocación. ¿En qué plano de realidad transcurre, por ejemplo, *Mrs. Dalloway (La señora Dalloway)*, una de sus novelas más originales? ¿En el de las acciones o comportamientos humanos, como las historias de Hemingway, por ejemplo? No; en un plano interior y subjetivo, en el de las sensaciones y emociones que la vivencia del mundo deja en el espíritu humano, esa realidad no tangible pero sí verificable, que registra lo que ocurre a nuestro alrededor, lo que vemos y hacemos, y lo celebra o lamenta, se conmueve o irrita con ello y lo va calificando. Ese punto de vista de nivel de realidad es otra de las originalidades de esta gran escritora, que consiguió, gracias a su prosa y a la preciosa y finísima perspectiva desde la que describió su mundo ficticio, espiritualizar toda la realidad, desmaterializarla, impregnarle un alma. Exactamente en las antípodas de un Robbe-Grillet, quien desarrolló una técnica narrativa encaminada a cosificar la realidad, a describir todo lo que ella contiene —incluidos los sentimientos y emociones— como si fueran objetos.

Espero que, a través de estos pocos ejemplos, haya usted llegado a la misma conclusión que llegué yo hace ya tiempo en lo que concierne al punto de vista de nivel de realidad. Que en él reside, en muchos casos, la originalidad del novelista. Es decir, en haber encontrado (o destacado, al menos, por encima o con exclusión de los otros) un aspecto o función de la vida, de la experiencia humana, de lo existente, hasta entonces olvidado, discriminado o suprimido en la ficción, y cuyo surgimiento, como perspectiva dominante, en una novela, nos brinda una visión inédita, renovadora, desconocida de la vida. ¿No es esto lo que ocurrió, por ejemplo, con un Proust o un Joyce? Para aquél, lo importante no está en lo que ocurre en el mundo real, sino en la manera como la memoria retiene y reproduce la experiencia vivida, en esa labor de selección y rescate del pasado que opera la mente humana. No se puede pedir, pues, una realidad más subjetiva que aquella en la que transcurren los episodios y evolucionan los personajes de *En busca del tiempo perdido*. ¿Y, en lo que concierne a Joyce, no fue acaso una innovación cataclísmica el *Ulises*, donde la realidad aparecía «reproducida» a partir del movimiento mismo de la conciencia humana que toma nota, discrimina, reacciona emotiva e intelectualmente, valora y atesora o desecha lo que va viviendo? Privilegiando planos o niveles de realidad que, antes, se desconocían o apenas se mencionaban, sobre los más convencionales, ciertos escritores aumentan nuestra visión de lo humano. No sólo en un sentido cuantitativo, también en el de la cualidad. Gracias a novelistas como Virginia Woolf o Joyce o Kafka o Proust, podemos decir que se ha enriquecido nuestro intelecto y nuestra sensibilidad para poder identificar, dentro del vértigo infinito que es la realidad, planos o niveles —los mecanismos de la memoria, el absurdo, el discurrir de la conciencia, las sutilezas de las emociones y percepciones— que antes ignorábamos o sobre los que teníamos una idea insuficiente o estereotipada.

Todos estos ejemplos muestran el amplísimo abanico de matices que pueden diferenciar entre sí a los autores realistas. Ocurre lo mismo con los fantásticos, desde luego. Me gustaría, pese a que esta carta amenaza también con dilatarse más de lo prudente, que examináramos el nivel de realidad que predomina en *El reino de este mundo* de Alejo Carpentier.

Si tratamos de situar a esta novela en uno de los dos campos literarios en que hemos dividido a la ficción según su naturaleza realista o fantástica, no hay duda de que le corresponde este último, pues en la historia que ella narra —y que se confunde con la historia del haitiano Henri Christophe, el constructor de la célebre Citadelle— ocurren hechos extraordinarios, inconcebibles en el mundo que conocemos a través de nuestra experiencia. Sin embargo, cualquiera que haya leído ese hermoso relato no se sentiría satisfecho con su mera asimilación a la literatura fantástica. Ante todo, porque lo fantástico que sucede en él no tiene ese semblante explícito y manifiesto con que aparece en autores fantásticos como Edgar Allan Poe, el Robert Louis Stevenson de *Dr. Jekyll and Mr. Hyde* o Jorge Luis Borges, en cuyas historias la ruptura con la realidad es flagrante. En *El reino de este mundo*, las ocurrencias insólitas lo parecen menos porque su cercanía de lo vivido, de lo histórico —de hecho, el libro sigue muy de cerca episodios y personajes del pasado de Haití—, contamina aquellas ocurrencias de un relente realista. ¿A qué se debe ello? A que el plano de irrealidad en que se sitúa a menudo lo narrado en aquella novela es el mítico o legendario, aquél que consiste en una transformación «irreal» del hecho o personaje «real» histórico, en razón de una fe o creencia que, en cierto modo, lo legitima objetivamente. El mito es una explicación de la realidad determinada por ciertas convicciones religiosas o filosóficas, de modo que en todo mito hay, siempre, junto al elemento imaginario o fantástico, un contexto histórico objetivo; su asiento en una subjetividad colectiva que existe y pretende (en muchos casos, lo consigue) imponerlo en la realidad, como imponen en el mundo real ese planeta fantástico, los sabios conspiradores del relato de Borges, «Tlön, Uqbar, Orbis Tertius». La formidable hazaña técnica de *El reino de este mundo* es el punto de vista de nivel de realidad diseñado por Carpentier. La historia transcurre a menudo en ese plano mítico o legendario —el primer peldaño de lo fantástico o el último del realismo—, y va siendo narrada por un narrador impersonal que, sin instalarse totalmente en ese mismo nivel, está muy cerca de él, rozándolo, de modo que la distancia que toma con lo que narra es lo suficientemente pequeña como para hacernos vivir *casi* desde adentro los mitos y leyendas de que su historia se compone, y lo bastante inequívoca, sin embargo, para hacernos saber que aquello no es la realidad objetiva de la historia que cuenta, sino una realidad desrealizada por la credulidad de un pueblo que no ha renunciado a la magia, a la hechicería, a las prácticas irracionales, aunque exteriormente parezca haber abrazado el racionalismo de los colonizadores de los que se ha emancipado.

Podríamos seguir indefinidamente tratando de identificar puntos de vista de nivel de realidad originales e insólitos en el mundo de la ficción, pero creo que estos ejemplos bastan y sobran para mostrar lo diversa que puede ser la relación entre el nivel de realidad en que se hallan lo narrado y el narrador y cómo este punto de vista nos permite hablar, si somos propensos a la manía de las clasificaciones y catalogaciones, algo que yo no lo soy y espero que usted tampoco lo sea, de novelas realistas o fantásticas, míticas o religiosas, psicológicas o poéticas, de acción o de análisis, filosóficas o históricas, surrealistas o experimentales, etcétera, etcétera. (Establecer nomenclaturas es un vicio que nada aplaca.)

Lo importante no es en qué compartimento de esas escuetas o infinitas tablas clasificatorias se encuentra la novela que analizamos. Lo importante es saber que en toda novela hay un punto de vista espacial, otro temporal y otro de nivel de realidad, y que, aunque muchas veces no sea muy notorio, los tres son esencialmente autónomos, diferentes uno del otro, y que de la manera como ellos se armonizan y combinan resulta aquella coherencia interna que es el poder de persuasión de una novela. Esa capacidad de persuadirnos de su «verdad», de su «autenticidad», de su «sinceridad», no viene nunca de su parecido o identidad con el mundo real en el que estamos los lectores. Viene, exclusivamente, de su propio ser, hecho de palabras y de la organización del espacio, tiempo y nivel de realidad de que ella consta. Si las palabras y el orden de una novela son eficientes, adecuados a la historia que ella pretende hacer persuasiva a los lectores, quiere decir que hay en su texto un ajuste tan perfecto, una fusión tan cabal del tema, el estilo y los puntos de vista, que el lector, al leerla, quedará tan sugestionado y absorbido por lo que ella le cuenta, que olvidará por completo la *manera* como se lo cuenta, y tendrá la sensación de que aquella novela carece de técnica, de forma, que es la vida misma manifestándose a través de unos personajes, unos paisajes y unos hechos que le parecen nada menos que la realidad encarnada, la vida leída. Ése es el gran triunfo de la técnica novelesca: alcanzar la invisibilidad, ser tan eficaz en la construcción de la historia a la que ha dotado de color, dramatismo, sutileza, belleza, sugestión, que ya ningún lector se percate siquiera de su existencia, pues, ganado por el hechizo de aquella artesanía, no tiene la sensación de estar leyendo, sino viviendo una ficción que, por un rato al menos, ha conseguido, en lo que a ese lector concierne, suplantar a la vida.

Un abrazo.

VIII

LAS MUDAS Y EL SALTO CUALITATIVO

Querido amigo:

Tiene razón, a lo largo de esta correspondencia, mientras comentaba con usted los tres puntos de vista que hay en toda novela, he usado varias veces la expresión *las mudas* para referirme a ciertos tránsitos que experimenta una narración, sin haberme detenido nunca a explicar con el detalle debido este recurso tan frecuente en las ficciones. Voy a hacerlo ahora, describiendo este procedimiento, uno de los más antiguos de que se valen los escribidores en la organización de sus historias.

Una «muda» es toda alteración que experimenta cualquiera de los puntos de vista reseñados. Puede haber, pues, mudas espaciales, temporales o de nivel de realidad, según los cambios ocurran en esos tres órdenes: el espacio, el tiempo y el plano de realidad. Es frecuente en la novela, sobre todo en la del siglo XX, que haya varios narradores; a veces, varios narradores-personajes, como en *Mientras agonizo* de Faulkner, a veces un narrador-omnisciente y excéntrico a lo narrado y uno o varios narradores-personajes como en el *Ulises* de Joyce. Pues bien, cada vez que cambia la perspectiva espacial del relato, porque el narrador se mueve de lugar (lo advertimos en el traslado de la persona gramatical de «él» a «yo», de «yo» a «él» u otras mudanzas) tiene lugar una muda espacial. En ciertas novelas son numerosas y en otras escasas y si ello es útil o perjudicial es algo que sólo indican los resultados, el efecto que esas mudas tienen sobre el poder de persuasión de la historia, reforzándolo o socavándolo. Cuando las mudas espaciales son eficaces, consiguen dar una perspectiva variada, diversa, incluso esférica y totalizadora de una historia (algo que determina esa ilusión de independencia del mundo real que, ya vimos, es la secreta aspiración de todo mundo ficticio). Si no lo son, el resultado puede ser la confusión: el lector se siente extraviado con esos saltos súbitos y arbitrarios de la perspectiva desde la cual se le cuenta la historia.

Quizás menos frecuentes que las espaciales sean las mudas temporales, esos movimientos del narrador en el tiempo de una historia, el que, gracias a ellos, se despliega ante nuestros ojos, simultáneamente, en el pasado, el presente o el futuro, consiguiendo también, si la técnica está bien aprovechada, una ilusión de totalidad cronológica, de autosuficiencia temporal para la historia. Hay escritores obsesionados por el tema del tiempo —vimos algunos casos— y ello se manifiesta no sólo en los temas de sus novelas; también, en la estructuración de unos sistemas cronológicos inusuales, y, a veces, de gran complejidad. Un ejemplo, entre mil. El de una novela inglesa, que dio mucho que hablar en su momento: *The White Hotel*, de D. M. Thomas. Esta novela narra una terrible matanza de judíos efectuada en Ucrania y tiene como delgada columna vertebral las confesiones que hace a su analista vienés —Sigmund Freud— la protagonista, la cantante Lisa Erdman. La novela está dividida desde el punto de vista temporal en tres partes, que corresponden al pasado, presente y futuro de aquel escalofriante crimen colectivo, su *cráter*. Así, pues, en ella, el punto de vista temporal experimenta tres mudas: del pasado al presente (la matanza) y al futuro de este hecho central de la historia. Ahora bien, esta última muda al futuro, no es sólo temporal; es también de nivel de realidad. La historia, que hasta entonces había transcurrido en un plano «realista», histórico, objetivo, a partir de la matanza, en el capítulo final, «The Camp», muda a una realidad fantástica, a un plano puramente imaginario, un territorio espiritual, inasible, en el que habitan unos seres desasidos de carnalidad, sombras o fantasmas de las víctimas humanas de aquella matanza. En este caso, la muda temporal es, también, un salto cualitativo que hace cambiar de esencia a la narración. Ésta ha sido disparada, gracias a esa muda, de un mundo realista a uno puramente fantástico. Algo parecido ocurre en *El lobo estepario*, de Hermann Hesse, cuando se le aparecen al narrador-personaje

105

los espíritus inmarcesibles de grandes creadores del pasado.

Las mudas en el nivel de realidad son las que ofrecen mayores posibilidades a los escritores para organizar sus materiales narrativos de manera compleja y original. Con esto no subestimo las mudas en el espacio y el tiempo, cuyas posibilidades son, por razones obvias, más limitadas; sólo subrayo que, dados los incontables niveles de que consta la realidad, la posibilidad de mudas es también inmensa y los escritores de todos los tiempos han sabido sacar partido a este recurso tan versátil.

Pero, quizás, antes de adentrarnos en el riquísimo territorio de las mudas, convenga hacer una distinción. Las mudas se diferencian, de un lado, por los puntos de vista en que ellas ocurren —espaciales, temporales y de nivel de realidad—, y, de otro, por su carácter adjetivo o sustantivo (accidental o esencial). Un mero cambio temporal o espacial es importante, pero no renueva la sustancia de una historia, sea ésta realista o fantástica. Sí la cambia, por el contrario, aquella muda que, como en el caso de *The White Hotel*, la novela sobre el holocausto a la que acabo de referirme, transforma la naturaleza de la historia, desplazándola de un mundo objetivo («realista») a otro de pura fantasía. Las mudas que provocan ese cataclismo ontológico —pues cambian el *ser* del orden narrativo— podemos llamarlas *saltos cualitativos*, prestándonos esta fórmula de la dialéctica hegeliana según la cual la acumulación cuantitativa provoca «un salto de cualidad» (como el agua que, cuando hierve indefinidamente, se transforma en vapor, o, si se enfría demasiado, se vuelve hielo). Una transformación parecida experimenta una narración cuando en ella tiene lugar una de esas mudas radicales en el punto de vista de nivel de realidad que constituyen un *salto cualitativo*.

Veamos algunos casos vistosos, en el rico arsenal de la literatura contemporánea. Por ejemplo, en dos novelas contemporáneas, escritas una en Brasil y otra en Inglaterra, con un buen número de años de intervalo —me refiero a *Grande Sertão: Veredas* de João Guimarães Rosa y a *Orlando*, de Virginia Woolf— el súbito cambio de sexo del personaje principal (de hombre a mujer en ambos casos) provoca una mudanza cualitativa en el todo narrativo, moviendo a éste de un plano que parecía hasta entonces «realista» a otro, imaginario y aun fantástico. En ambos casos, la muda es un *cráter*, un hecho central del cuerpo narrativo, un episodio de máxima concentración de vivencias que contagia todo el entorno de un atributo que no parecía tener. No es el caso de *La metamorfosis* de Kafka, donde el hecho prodigioso, la transformación del pobre Gregorio Samsa en una horrible cucaracha, tiene lugar en la primera frase de la historia, lo que instala a ésta, desde el principio, en lo fantástico.

Éstos son ejemplos de mudas súbitas y veloces, hechos instantáneos que por su carácter milagroso o extraordinario, rasgan las coordenadas del mundo «real» y le añaden una dimensión nueva, un orden secreto y maravilloso que no obedece a las leyes ra-

107

cionales y físicas sino a unas fuerzas oscuras, innatas, a las que sólo es posible conocer (y en algunos casos hasta gobernar) gracias a la mediación divina, la hechicería o magia. Pero en las novelas más célebres de Kafka, *El castillo* y *El proceso*, la muda es un procedimiento lento, sinuoso, discreto, que se produce a consecuencia de una acumulación o intensificación en el tiempo de un cierto estado de cosas, hasta que, a causa de ello, el mundo narrado se emancipa diríamos de la realidad objetiva —del «realismo»— a la que simulaba imitar, para mostrarse como una realidad otra, de signo diferente. El agrimensor anónimo de *El castillo*, el misterioso señor K., intenta, en repetidas oportunidades, llegar hasta esa imponente construcción que preside la comarca donde ha venido a prestar servicios y donde se halla la autoridad suprema. Los obstáculos que encuentra son baladíes, al principio; por un buen trecho de la historia, el lector tiene la sensación de estar sumergido en un mundo de minucioso realismo, que parece duplicar el mundo real en lo que éste tiene de más cotidiano y rutinario. Pero, a medida que la historia avanza y el desventurado señor K. aparece cada vez más indefenso y vulnerable, a merced de unos obstáculos que, vamos comprendiendo, no son casuales ni derivados de una mera inercia administrativa, sino las manifestaciones de una siniestra maquinaria secreta que controla las acciones humanas y destruye a los individuos, surge en nosotros, los lectores, junto con la angustia por esa impotencia en la que se debate la humanidad de la ficción, la conciencia de que

108

el nivel de realidad en que ésta transcurre no es, aquél, objetivo e histórico, equivalente al de los lectores, sino una realidad de otra índole, simbólica o alegórica —o simplemente fantástica— de naturaleza imaginaria (lo cual, por cierto, no quiere decir que esa realidad de la novela por ser «fantástica» deje de suministrarnos enseñanzas luminosas sobre el ser humano y nuestra propia realidad). La muda tiene lugar, pues, entre dos órdenes o niveles de realidad de una manera mucho más demorada y tortuosa que en *Orlando* o *Grande Sertão: Veredas*.

Lo mismo ocurre en *El proceso*, donde el anónimo señor K. se ve atrapado en el pesadillesco dédalo de un sistema policial y judicial que, en un principio, nos parece «realista», una visión algo paranoica de la ineficiencia y absurdos a que conduce la excesiva burocratización de la justicia. Pero, luego, en un momento dado, a raíz de esa acumulación e intensificación de episodios absurdos, vamos advirtiendo, que, en verdad, por debajo del embrollo administrativo que priva de libertad al protagonista y va progresivamente destruyéndolo, existe algo más siniestro e inhumano: un sistema fatídico y de índole acaso metafísica ante el cual desaparece el libre albedrío y la capacidad de reacción del ciudadano, que usa y abusa de los individuos como el titiritero de las marionetas de su teatro, un orden contra el que no es posible rebelarse, omnipotente, invisible e instalado en el meollo mismo de la condición humana. Simbólico, metafísico o fantástico, este nivel de realidad de *El proceso* aparece también, como en *El castillo*, de manera gradual, progresiva, sin que sea posible determinar el instante preciso en que la metamorfosis se produce. ¿No cree usted que lo mismo ocurre, también, en *Moby Dick*? Esa cacería interminable por los mares del mundo de esa ballena blanca que, por su ausencia misma, adquiere una aureola legendaria, diabólica, de animal mítico ¿no piensa usted que experimenta también una muda o salto cualitativo que va transformando la novela, tan «realista» al principio, en una historia de estirpe imaginaria —simbólica, alegórica, metafísica— o simplemente fantástica?

A estas alturas, tendrá usted la cabeza llena de mudas y saltos cualitativos memorables en sus novelas favoritas. En efecto, éste es un recurso muy utilizado por los escritores de todos los tiempos, y, sobre todo, en las ficciones de tipo fantástico. Recordemos algunas de esas mudas que quedan vívidas en la memoria como símbolo del placer que nos produjo aquella lectura. ¡Ya sé! Apuesto que adiviné: ¡Comala! ¿No es esa aldea mexicana el primer nombre que se le vino a la memoria en relación con las mudas? Una asociación justificadísima, pues es difícil que quien haya leído *Pedro Páramo*, de Juan Rulfo, olvide nunca la impresión que le causa descubrir, ya bien avanzado el libro, que todos los personajes de aquella historia están muertos, y que la Comala de la ficción no pertenece a la «realidad», no, por lo menos, a aquella donde vivimos los lectores, sino a otra, literaria, donde los muertos, en vez de desaparecer, siguen viviendo. Ésta es una de las mudas (del tipo radical, las del salto cualitativo) más eficaces de la literatura latinoamericana contemporánea. La maestría con que se lleva a cabo es tal que, si usted se pone a tratar de establecer —en el espacio o en el tiempo de la historia— cuándo ocurre, se verá ante un verdadero dilema. Porque no hay un episodio preciso —un hecho y un momento— donde y cuando la muda tiene lugar. Ocurre a pocos, gradualmente, a través de insinuaciones, vagos indicios, huellas desvaídas que apenas retienen nuestra atención cuando nos damos con ellas. Sólo más tarde, retroactivamente, la secuencia de pistas y la acumulación de hechos sospechosos y de incongruencias, nos permite tomar conciencia de que Comala no es un pueblo de seres vivos sino de fantasmas.

Pero, tal vez sería bueno pasar a otras mudas literarias menos macabras que esta de Rulfo. La más simpática, alegre y divertida que se me viene a la memoria es la de la «Carta a una señorita en París», de Julio Cortázar. Allí hay también una estupenda muda de nivel de realidad, cuando el narrador-personaje, autor de la carta del título, nos hace saber que tiene la incómoda costumbre de vomitar conejitos. He aquí un formidable salto cualitativo de esa amena historia que, sin embargo, podría tener un final bastante trágico, si, abrumado por esa segregación de conejitos, su protagonista termina suicidándose al final del relato, como lo insinúan las últimas frases de la carta.

Éste es un procedimiento muy usado por Cortázar, en sus cuentos y novelas. Se valía de él para trastornar esencialmente la naturaleza de su mundo inventado, haciéndolo pasar de una realidad un poco cotidiana, sencilla, hecha de cosas predecibles, banales, rutinarias, a otra, de carácter fantástico, donde suceden cosas extraordinarias como esos conejitos que vomita una garganta humana, y en la que a veces ronda la violencia. Estoy seguro que usted ha leído «Las ménades», otro de los grandes relatos de Cortázar, donde, en este caso de manera progresiva, por acumulación numérica, se produce una transformación anímica del mundo narrado. Aquello que parece un inofensivo concierto en el teatro Corona genera al principio un entusiasmo más bien excesivo del público ante la performance de los músicos, y, por fin, degenera en una verdadera explosión de violencia salvaje, instintiva, incomprensible y animal, en un linchamiento colectivo o guerra sin cuartel. Al final de esa inesperada hecatombe nos quedamos desconcertados, preguntándonos si todo aquello en verdad ha ocurrido, si ha sido una horrenda pesadilla o si esa absurda ocurrencia ha tenido lugar en «otro mundo», armado con una insólita mezcla de fantasía, terrores recónditos y oscuros instintos del espíritu humano.

Cortázar es uno de los escritores que mejor supo utilizar este recurso de las mudas —graduales o súbitas, de espacio, tiempo y nivel de realidad— y a ello se debe en buena parte el perfil inconfundible de su mundo, en el que se alían de manera inseparable la poesía y la imaginación, un sentido infalible de lo que los surrealistas llamaban lo maravilloso-cotidiano y una prosa fluida y limpia, sin el menor amaneramiento, cuya aparente sencillez y oralidad disimulaban en verdad una compleja problemática y una gran audacia inventiva.

Y, puesto a recordar por asociación de ideas algunas mudas literarias que se me han quedado en la memoria, no puedo dejar de citar aquella que ocurre —es uno de los cráteres de la novela— en *Muerte a crédito (Mort à crédit)*, de Céline, un autor por el que no tengo ninguna simpatía personal, más bien una clara antipatía y repugnancia por su racismo y antisemitismo, que escribió, sin embargo, dos grandes novelas (la otra es *El viaje al final de la noche*). En *Muerte a crédito* hay un episodio inolvidable: el cruce del Canal de la Mancha, que lleva a cabo el protagonista, en un *ferry* repleto de pasajeros. El mar está picado y con el movimiento que las aguas imponen al barquito todo el mundo a bordo —tripulación y pasajeros— se marea. Y, por supuesto, muy dentro de ese clima de sordidez y truculencia que fascinaba a Céline, todo el mundo comienza a vomitar. Hasta aquí, estamos en un mundo naturalista, de una tremenda vulgaridad y pequeñez de vida y de costumbres, pero con los pies bien hundidos en la realidad objetiva. Sin embargo, ese vómito que literalmente cae sobre nosotros, los lectores, embarrándonos con todas las porquerías y excrecencias imaginables expulsadas de esos organismos, ese vómito va, por la lentitud y eficacia de la descripción, despegando del realismo y convirtiéndose en algo esperpéntico, apocalíptico, con lo que, en un momento dado, ya no sólo ese puñado de hombres y mujeres mareados sino el universo humano parece estar botando las entrañas. Gracias a esa muda la historia cambia de nivel de realidad, alcanza una categoría visionaria y simbólica, incluso fantástica, y todo el contorno queda contagiado por la extraordinaria mudanza.

Podríamos seguir indefinidamente desarrollando este tema de las mudas, pero sería llover sobre mojado, pues los ejemplos citados ilustran de sobra la manera en que funciona el procedimiento —con sus distintas variantes— y los efectos que tiene en la novela. Quizás valga la pena insistir en algo que no me he cansado de decirle desde mi primera carta: la muda, por sí misma, nada prejuzga ni indica, y su éxito o fracaso respecto del poder de persuasión depende en cada caso de la manera concreta en que un narrador la utiliza dentro de una historia específica: el mismo procedimiento puede funcionar potenciando el poder de persuasión de una novela o destruyéndolo.

Para terminar, me gustaría recordarle una teoría sobre la literatura fantástica, que desarrolló un gran crítico y ensayista belga-francés, Roger Caillois (en el prólogo de su *Anthologie du fantastique/Antología de la literatura fantástica*). Según él, la verdadera literatura fantástica no es la deliberada, aquella que nace por un acto lúcido de su autor, que ha decidido escribir una historia de carácter fantástico. Para Caillois, la verdadera literatura fantástica es aquella donde el hecho extraordinario, prodigioso, fabuloso, racionalmente inexplicable, se produce de manera es-

114

pontánea, sin la premeditación e incluso sin que el propio autor lo advierta. Es decir, aquellas ficciones donde lo fantástico comparece, diríamos, *motu proprio*. En otras palabras, esas ficciones no cuentan historias fantásticas; ellas mismas son *fantásticas*. Es una teoría muy discutible, sin duda, pero original y multicolor, y una buena manera de terminar esta reflexión sobre las mudas, una de cuyas versiones sería —si Caillois no fantasea demasiado— la de la muda autogenerada, que, con total prescindencia del autor, tomaría posesión de un texto y lo encaminaría por una dirección que aquél no pudo prever.

Un fuerte abrazo.

IX

LA CAJA CHINA

Querido amigo:

Otro recurso del que se valen los narradores para dotar a sus historias de poder persuasivo es el que podríamos llamar «la caja china» o la «muñeca rusa» (la *matriuska*). ¿En qué consiste? En construir una historia como aquellos objetos folclóricos en los que se hallan contenidos objetos similares de menor tamaño, en una sucesión que se prolonga a veces hasta lo infinitesimal. Sin embargo, una estructura de esta índole, en la que una historia principal genera otra u otras historias derivadas, no puede ser algo mecánico (aunque muchas veces lo sea) para que el procedimiento funcione. Éste tiene un efecto creativo cuando una construcción así introduce en la ficción una consecuencia significativa —el misterio, la ambigüedad, la complejidad— en el contenido de la historia y aparece por consiguiente como necesaria, no como mera yuxtaposición sino como simbiosis o

117

alianza de elementos que tiene efectos trastornadores y recíprocos sobre todos ellos. Por ejemplo, aunque se puede decir que en *Las mil y una noches* la estructura de cajas chinas del conjunto de las célebres historias árabes que, desde que fueran descubiertas y traducidas al inglés y al francés, harían las delicias de Europa, es muchas veces mecánica, es evidente que en una novela moderna como *La vida breve*, de Onetti, la caja china que tiene lugar en ella es enormemente eficaz pues de ella resultan, en buena medida, la extraordinaria sutileza de la historia y las astutas sorpresas que ella depara a sus lectores.

Pero voy demasiado de prisa. Sería conveniente empezar desde el principio, describiendo con más calma esta técnica o recurso narrativo, para pasar luego a examinar sus variantes, aplicaciones, posibilidades y riesgos.

Creo que el mejor ejemplo para graficarlo está en la obra ya citada, clásico del género narrativo que los españoles pudieron leer en una versión de Blasco Ibáñez, quien la tradujo a su vez de la traducción francesa del Dr. J. C. Mardrus: *Las mil y una noches*. Permítame que le refresque la memoria sobre la articulación de las historias entre sí. Para librarse de ser degollada como les ocurre a las esposas del terrible Sultán, Scheherazade le cuenta historias y se las arregla para que, cada noche, la historia se interrumpa de tal modo que la curiosidad de aquél por lo que va a suceder —el suspenso— le prolongue la vida un día más. Así sobrevive mil y una noches, al cabo de las cuales el Sultán perdona la vida (ganado para la fic-

118

ción hasta extremos adictivos) a la eximia narradora. ¿Cómo se las ingenia la hábil Scheherazade para contar de manera enlazada, sin cesuras, esa interminable historia hecha de historias de la que pende su vida? Mediante el recurso de la caja china: insertando historias dentro de historias a través de mudas de narrador (que son temporales, espaciales y de nivel de realidad). Así: dentro de la historia del derviche ciego que está contando Scheherazade al Sultán hay cuatro mercaderes, uno de los cuales cuenta a los otros tres la historia del mendigo leproso de Bagdad, historia dentro de la cual aparece un pescador aventurero que, ni corto ni perezoso, deleita a un grupo de compradores en un mercado de Alejandría con sus proezas marineras. Como en una caja china o una muñeca rusa cada historia contiene otra historia, subordinada, en primero, segundo o tercer grado. De este modo, gracias a esas cajas chinas, las historias quedan articuladas dentro de un sistema en el que el todo se enriquece con la suma de las partes y en las que cada parte —cada historia particular— es enriquecida también (al menos afectada) por su carácter dependiente o generador respecto de las otras historias.

Usted debe de haber inventariado ya, en su memoria, un buen número de sus ficciones preferidas, clásicas o modernas, en las que hay historias dentro de historias, ya que se trata de un recurso antiquísimo y generalizado, que, sin embargo, pese a tanto uso, en manos de un buen narrador resulta siempre original. A veces, y sin duda es el caso de *Las mil y una noches*, la caja china se aplica de manera un tanto mecánica, sin que aquella generación de historias por las historias tenga reverberaciones significativas sobre las historias-madres (llamémoslas así). Estas reverberaciones se dan, por ejemplo, en el *Quijote* cuando Sancho cuenta —intercalada de comentarios e interrupciones del Quijote sobre su manera de contar— el cuento de la pastora Torralba (caja china en la que hay una interacción entre la historia-madre y la historia-hija), pero no ocurre así con otras cajas chinas, por ejemplo la novela *El curioso impertinente*, que el cura lee en la venta mientras don Quijote está durmiendo. Más que de una caja china en este caso cabría hablar de un *collage*, pues (como ocurre con muchas historias-hijas, o historias-nietas de *Las mil y una noches*), esta historia tiene una existencia autónoma y no provoca efectos temáticos ni psicológicos sobre la historia en la que está contenida (las aventuras de don Quijote y Sancho). Algo similar puede decirse, desde luego, de otra caja china del gran clásico: *El capitán cautivo*.

La verdad es que se podría escribir un voluminoso ensayo sobre la diversidad y variedad de cajas chinas que aparecen en el *Quijote*, ya que el genio de Cervantes dio una funcionalidad formidable a este recurso, desde la invención del supuesto manuscrito de Cide Hamete Benengeli del que el *Quijote* sería versión o transcripción (esto queda dentro de una sabia ambigüedad). Puede decirse que se trataba de un tópico, desde luego, usado hasta el cansancio por las novelas de caballerías, todas las cuales fingían ser (o proceder de) manuscritos misteriosos hallados en exóticos lugares. Pero ni siquiera el uso de tópicos en una novela es gratuito: tiene consecuencias en la ficción, a veces positivas, a veces negativas. Si tomamos en serio aquello del manuscrito de Cide Hamete Benengeli, la construcción del *Quijote* sería una *matriuska* de por lo menos cuatro pisos de historias derivadas:

1) El manuscrito de Cide Hamete Benengeli, que desconocemos en su totalidad e integridad sería la primera caja. La inmediatamente derivada de ella, o primera historia-hija es

2) La historia de don Quijote y Sancho que llega a nuestros ojos, una historia-hija en la que hay contenidas numerosas historias-nietas (tercera caja china) aunque de índole diferente:

3) Historias contadas por los propios personajes entre sí como la ya mencionada de la pastora Torralba que cuenta Sancho, e

4) Historias incorporadas como *collages* que leen los personajes y que son historias autónomas y escritas, no visceralmente unidas a la historia que las contiene, como *El curioso impertinente* o *El capitán cautivo*.

Ahora bien, la verdad es que, tal como aparece Cide Hamete Benengeli en el *Quijote*, es decir, citado y mencionado por el narrador-omnisciente y excéntrico a la historia narrada (aunque entrometido en ella, como vimos hablando del punto de vista espacial) cabe retroceder todavía más y establecer que, puesto que Cide Hamete Benengeli es *citado*, no se puede hablar de su manuscrito como de la primera instancia, la realidad fundacional —la madre de todas las historias— de la novela. Si Cide Hamete Benengeli habla y opina en primera persona en su manuscrito (según las citas que hace de él el narrador-omnisciente) es obvio que se trata de un narrador-personaje y que, por lo tanto, está inmerso en una historia que sólo en términos retóricos puede ser autogenerada (se trata, claro está, de una ficción estructural). Todas las historias que tienen ese punto de vista en las que el espacio narrado y el espacio del narrador coinciden tienen, además, fuera de la realidad de la literatura, una primera caja china que las contiene: la mano que las escribe, inventando (antes que nada) a sus narradores. Si llegamos hasta esa mano primera (y solitaria, pues ya sabemos que Cervantes era manco) debemos aceptar que las cajas chinas del *Quijote* constan hasta de cuatro realidades superpuestas.

El paso de una a otra de esas realidades —de una historia-madre a una historia-hija— consiste en una muda, lo habrá advertido. Digo «una» muda y me desdigo de inmediato, pues lo cierto es que en muchos casos la caja china resulta de varias mudas simultáneas: de espacio, tiempo y nivel de realidad. Veamos, como ejemplo, la admirable caja china sobre la que discurre *La vida breve* de Juan Carlos Onetti.

Esta magnífica novela, una de las más sutiles y hábiles que se hayan escrito en nuestra lengua, está montada enteramente, desde el punto de vista técnico, sobre el procedimiento de la caja china, que

Onetti utiliza con mano maestra para crear un mundo de delicados planos superpuestos y entreverados en los que se disuelven las fronteras entre ficción y realidad (entre la vida y el sueño o los deseos). La novela está narrada por un narrador-personaje, Juan María Brausen, quien, en Buenos Aires, se tortura con la idea de la ablación de un pecho de su amante Gertrudis (víctima del cáncer), espía y fantasea a una vecina, Queca, y debe escribir un argumento de cine. Todo esto constituye la realidad básica o primera caja de la historia. Ésta se desliza, sin embargo, de manera subrepticia, hacia una colonia a orillas del río de la Plata, Santa María, donde un médico cuarentón de dudosa moral vende morfina a una de sus pacientes. Pronto descubriremos que Santa María, el médico Díaz Grey y la misteriosa morfinómana son una fantasía de Brausen, una realidad segunda de la historia, y que, en verdad, Díaz Grey es algo así como un alter ego del propio Brausen y que su paciente morfinómana es una proyección de Gertrudis. La novela va transcurriendo, de este modo, mediante mudas (de espacio y nivel de realidad) entre estos dos mundos o cajas chinas, trasladando al lector pendularmente de Buenos Aires a Santa María y de allí a Buenos Aires, en un ir y venir que, disimulado por la apariencia realista de la prosa y la eficacia de la técnica, es un viaje entre la realidad y la fantasía, o, si se prefiere, entre el mundo objetivo y el subjetivo (la vida de Brausen y las ficciones que elucubra). Esta caja china no es la única de la novela. Hay otra, paralela. Brausen espía a su vecina, una prostituta lla-

123

mada Queca, que recibe clientes en el departamento vecino al suyo en Buenos Aires. Esta historia de Queca transcurre —eso parece al principio— en un plano objetivo, como la de Brausen, aunque nos llega a los lectores mediatizada por el testimonio del narrador, un Brausen que debe conjeturar mucho de lo que hace la Queca (a la que oye pero no ve). Ahora bien, en un momento dado —uno de los cráteres de la novela y una de las mudas más eficaces— el lector descubre que el criminoso Arce, cafiche de Queca, quien terminará asesinando a ésta, es, en realidad, también —ni más ni menos que como el médico Díaz Grey— otro alter ego de Brausen, un personaje (parcial o totalmente, esto no está claro) creado por Brausen, es decir alguien que viviría en un distinto plano de realidad. Esta segunda caja china, paralela a la de Santa María, coexiste con aquélla, aunque no es idéntica, pues, a diferencia de ella que es enteramente imaginaria —Santa María y sus personajes sólo existen en la fantasía de Brausen— está como a caballo entre la realidad y la ficción, entre la objetividad y la subjetividad, pues Brausen en este caso ha añadido elementos inventados a un personaje real (la Queca) y a su entorno. La maestría formal de Onetti —su escritura y la arquitectura de la historia— hace que aquella novela aparezca al lector como un todo homogéneo, sin cesuras internas, pese a estar conformada, como hemos dicho, de planos o niveles de realidad diferentes. Las cajas chinas de *La vida breve* no son mecánicas. Gracias a ellas descubrimos que el verdadero tema de la novela no es la historia del publicista Brausen, sino algo más vasto y compartido por la experiencia humana: el recurso a la fantasía, a la ficción, para enriquecer la vida de las gentes y la manera en que las ficciones que la mente fabula se sirven, como materiales de trabajo, de las menudas experiencias de la vida cotidiana. La ficción no es la vida vivida, sino otra vida, fantaseada con los materiales que aquélla le suministra y sin la cual la vida verdadera sería más sórdida y pobre de lo que es.

Hasta pronto.

X

EL DATO ESCONDIDO

Querido amigo:

En alguna parte, Ernest Hemingway cuenta que, en sus comienzos literarios, se le ocurrió de pronto, en una historia que estaba escribiendo, suprimir el hecho principal: que su protagonista se ahorcaba. Y dice que, de este modo, descubrió un recurso narrativo que utilizaría con frecuencia en sus futuros cuentos y novelas. En efecto, no es exagerado decir que las mejores historias de Hemingway están llenas de silencios significativos, datos escamoteados por un astuto narrador que se las arregla para que las informaciones que calla sean sin embargo locuaces y azucen la imaginación del lector, de modo que éste tenga que llenar aquellos blancos de la historia con hipótesis y conjeturas de su propia cosecha. Llamemos a este procedimiento «el dato escondido» y digamos rápidamente que, aunque Hemingway le dio un uso personal y múltiple (algunas veces, magistral), estuvo lejos de inventarlo, pues es una técnica vieja como la novela.

Pero, es verdad que pocos autores modernos se sirvieron de él con la audacia que el autor de *El viejo y el mar*. ¿Recuerda usted ese cuento magistral, acaso el más célebre de Hemingway, llamado «The killers» («Los asesinos»)? Lo más importante de la historia es un gran signo de interrogación: ¿por qué quieren matar al sueco Ole Andreson ese par de forajidos que entran con fusiles de cañones recortados al pequeño restaurante Henry's de esa localidad innominada? ¿Y por qué este misterioso Ole Andreson, cuando el joven Nick Adams le previene que hay un par de asesinos buscándolo para acabar con él, rehúsa huir o dar parte a la policía y se resigna con fatalismo a su suerte? Nunca lo sabremos. Si queremos una respuesta para estas dos preguntas cruciales de la historia, tenemos que inventarla nosotros, los lectores, a partir de los escasos datos que el narrador-omnisciente e impersonal nos proporciona: que, antes de avecindarse en el lugar, el sueco Ole Andreson parece haber sido boxeador, en Chicago, donde algo hizo (algo errado, dice él) que selló su suerte.

El dato escondido o narrar por omisión no puede ser gratuito y arbitrario. Es preciso que el silencio del narrador sea significativo, que ejerza una influencia inequívoca sobre la parte explícita de la historia, que esa ausencia se haga sentir y active la curiosidad, la expectativa y la fantasía del lector. Hemingway fue un eximio maestro en el uso de esta técnica narrativa, como se advierte en «The killers»,

128

ejemplo de economía narrativa, texto que es como la punta de un iceberg, una pequeña prominencia visible que deja entrever en su brillantez relampagueante toda la compleja masa anecdótica sobre la que reposa y que ha sido birlada al lector. Narrar callando, mediante alusiones que convierten el escamoteo en expectativa y fuerzan al lector a intervenir activamente en la elaboración de la historia con conjeturas y suposiciones es una de las más frecuentes maneras que tienen los narradores para hacer brotar vivencias en sus historias, es decir, dotarlas de poder de persuasión.

¿Recuerda usted el gran dato escondido de la (a mi juicio) mejor novela de Hemingway, *The sun also rises*? Sí, esa misma: la impotencia de Jake Barnes, el narrador de la novela. No está nunca explícitamente referida; ella va surgiendo —casi me atrevería a decir que el lector, espoleado por lo que lee, la va imponiendo al personaje— de un silencio comunicativo, esa extraña distancia física, la casta relación corporal que lo une a la bella Brett, mujer a la que transparentemente ama y que sin duda también lo ama o podría haberlo amado si no fuera por algún obstáculo o impedimento del que nunca tenemos información precisa. La impotencia de Jake Barnes es un silencio extraordinariamente explícito, una ausencia que se va haciendo muy llamativa, a medida que el lector se sorprende con el comportamiento inusitado y contradictorio de Jake Barnes para con Brett, hasta que la única manera de explicárselo es descubriendo (¿inventando?) su impotencia. Aunque silenciado, o, tal vez, precisamente por la manera en que

129

lo está, ese dato escondido baña la historia de *The sun also rises* con una luz muy particular.

La celosía, de Robbe-Grillet (*La Jalousie*, en francés) es otra novela donde un ingrediente esencial de la historia —nada menos que el personaje central— ha sido exiliado de la narración, pero de tal modo que su ausencia se proyecta en ella de manera que se hace sentir a cada instante. Como en casi todas las novelas de Robbe-Grillet, en *La Jalousie* no hay propiamente una historia, no por lo menos como se entendía a la manera tradicional —un argumento con principio, desarrollo y conclusión—, sino, más bien, los indicios o síntomas de una historia que desconocemos y que estamos obligados a reconstituir como los arqueólogos reconstruyen los palacios babilónicos a partir de un puñado de piedras enterradas por los siglos, o los zoólogos reedifican a los dinosaurios y pterodáctilos de la prehistoria valiéndose de una clavícula o un metacarpo. De manera que podemos decir que las novelas de Robbe-Grillet están, todas, concebidas a partir de datos escondidos. Ahora bien, en *La Jalousie* este procedimiento es particularmente funcional, pues, para que lo que en ella se cuenta tenga sentido, es imprescindible que esa ausencia, ese ser abolido, se haga presente, tome forma en la conciencia del lector. ¿Quién es ese ser invisible? Un marido celoso, como lo sugiere el título del libro con su ambivalente significado, alguien que, poseído por el demonio de la desconfianza, espía minuciosamente todos los movimientos de la mujer a la que cela sin ser advertido por ella. Esto no lo sabe con certeza el lector; lo deduce o lo inventa, inducido por la naturaleza de la descripción, que es la de una mirada obsesiva, enfermiza, dedicada al escrutinio detallado, enloquecido, de los más ínfimos desplazamientos, gestos e iniciativas de la esposa. ¿Quién es el matemático observador? ¿Por qué somete a esa mujer a este asedio visual? Esos datos escondidos no tienen respuesta dentro del discurso novelesco y el propio lector debe esclarecerlos a partir de las pocas pistas que la novela le ofrece. A esos datos escondidos definitivos, abolidos para siempre de una novela, podemos llamarlos *elípticos*, para diferenciarlos de los que sólo han sido temporalmente ocultados al lector, desplazados en la cronología novelesca para crear expectativa, suspenso, como ocurre en las novelas policiales, donde sólo al final se descubre al asesino. A esos datos escondidos sólo momentáneos —descolocados— podemos llamarlos *datos escondidos en hipérbaton*, figura poética que, como usted recordará, consiste en descolocar una palabra en el verso por razones de eufonía o rima («Era del año la estación florida...» en vez del orden regular: «Era la estación florida del año...»).

Quizás el dato escondido más notable en una novela moderna sea el que tiene lugar en la tremebunda *Santuario (Sanctuary)*, de Faulkner, donde el *cráter* de la historia —la desfloración de la juvenil y frívola Temple Drake por Popeye, un gángster impotente y psicópata, valiéndose de una mazorca de maíz— está desplazado y disuelto en hilachas de información que permiten al lector, poco a poco y retroactivamente, tomar conciencia del horrendo suceso. De este abominable silencio irradia la atmósfera en que transcurre *Santuario*: una atmósfera de salvajismo, represión sexual, miedo, prejuicio y primitivismo que da a Jefferson, Memphis y los otros escenarios de la historia, un carácter simbólico, de mundo del mal, de la perdición y caída del hombre, en el sentido bíblico del término. Más que una transgresión de las leyes humanas, la sensación que tenemos ante los horrores de esta novela —la violación de Temple es apenas uno de ellos; hay, además, un ahorcamiento, un linchamiento por fuego, varios asesinatos y un variado abanico de degradaciones morales— es la de una victoria de los poderes infernales, de una derrota del bien por un espíritu de perdición, que ha logrado enseñorearse de la tierra. Todo *Santuario* está armado con datos escondidos. Además de la violación de Temple Drake, hechos tan importantes como el asesinato de Tommy y de Red o la impotencia de Popeye son, primero, silencios, omisiones que sólo retroactivamente se van revelando al lector, quien, de este modo, gracias a esos datos escondidos en hipérbaton va comprendiendo cabalmente lo sucedido y estableciendo la cronología real de los sucesos. No sólo en ésta, en todas sus historias, Faulkner fue también un consumado maestro en el uso del dato escondido.

Quisiera ahora, para terminar con un último ejemplo de dato escondido, dar un salto atrás de quinientos años, hasta una de las mejores novelas de caballerías medievales, el *Tirant Lo Blanc*, de Joanot Martorell, una de mis novelas de cabecera. En ella el

dato escondido —como hipérbaton o como elipsis—
es utilizado con la destreza de los mejores novelistas
modernos. Veamos cómo está estructurada la materia
narrativa de uno de los *cráteres activos* de la novela:
las *bodas sordas* que celebran Tirant y Carmesina y
Diafebus y Estefanía (episodio que abarca desde mediados del capítulo CLXII hasta mediados del
CLXIII). Éste es el contenido del episodio. Carmesina y Estefanía introducen a Tirant y Diafebus en
una cámara del palacio. Allí, sin saber que Plaerdemavida los espía por el ojo de la cerradura, las dos
parejas pasan la noche entregadas a juegos amorosos,
benignos en el caso de Tirant y Carmesina, radicales
en el de Diafebus y Estefanía. Los amantes se se-
paran al alba y, horas más tarde, Plaerdemavida revela a Estefanía y Carmesina que ha sido testigo ocu-
lar de las *bodas sordas*.

En la novela esta secuencia no aparece en el
orden cronológico «real», sino de manera disconti-
nua, mediante mudas temporales y un dato escondido
en hipérbaton, gracias a lo cual el episodio se enriquece extraordinariamente de vivencias. El relato refiere los preliminares, la decisión de Carmesina y Estefanía de introducir a Tirant y Diafebus en la cámara
y explica cómo Carmesina, maliciando que iba a haber «celebración de bodas sordas», simula dormir. El
narrador impersonal y omnisciente prosigue, dentro
del orden «real» de la cronología, mostrando el des-
lumbramiento de Tirant cuando ve a la bella princesa
y cómo cae de rodillas y le besa las manos. Aquí se
produce la primera muda temporal o ruptura de la

133

cronología: «Y cambiaron muchas amorosas razones. Cuando les pareció que era hora de irse, se separaron uno del otro y regresaron a su cuarto.» El relato da un salto al futuro, dejando en ese hiato, en ese abismo de silencio, una sabia interrogación: «¿Quién pudo dormir esa noche, unos por amor, otros por dolor?» La narración conduce luego al lector a la mañana siguiente. Plaerdemavida se levanta, entra a la cámara de la princesa Carmesina y encuentra a Estefanía «toda llena de déjame estar». ¿Qué ocurrió? ¿Por qué ese abandono voluptuoso de Estefanía? Las insinuaciones, preguntas, burlas y picardías de la deliciosa Plaerdemavida van dirigidas, en verdad, al lector, cuya curiosidad y malicia atizan. Y, por fin, luego de este largo y astuto preámbulo, la bella Plaerdemavida revela que la noche anterior ha tenido un sueño, en el que vio a Estefanía introduciendo a Tirant y Diafebus en la cámara. Aquí se produce la segunda muda temporal o salto cronológico en el episodio. Éste retrocede a la víspera y, a través del supuesto sueño de Plaerdemavida, el lector descubre lo ocurrido en el curso de las *bodas sordas*. El dato escondido sale a la luz, restaurando la integridad del episodio. ¿La integridad cabal? No del todo. Pues, además de esta muda temporal, como usted habrá observado, se ha producido también una muda espacial, un cambio de punto de vista espacial, pues quien narra lo que sucede en las *bodas sordas* ya no es el narrador impersonal y excéntrico del principio, sino Plaerdemavida, un narrador-personaje, que no aspira a dar un testimonio objetivo sino cargado de subjetividad (sus comentarios jocosos, desenfadados, no sólo subjetivizan el episodio; sobre todo, lo descargan de la violencia que tendría narrada de otro modo la desfloración de Estefanía por Diafebus). Esta muda doble —temporal y espacial— introduce pues una caja china en el episodio de las *bodas sordas*, es decir una narración autónoma (la de Plaerdemavida) contenida dentro de la narración general del narrador-omnisciente. (Entre paréntesis, diré que *Tirant Lo Blanc* utiliza muchas veces también el procedimiento de las cajas chinas o muñecas rusas. Las proezas de Tirant a lo largo del año y un día que duran las fiestas en la corte de Inglaterra no son reveladas al lector por el narrador-omnisciente, sino a través del relato que hace Diafebus al conde de Vàroic; la toma de Rodas por los genoveses transparece a través de un relato que hacen a Tirant y al duque de Bretaña dos caballeros de la corte de Francia y la aventura del mercader Gaubedi surge de una historia que Tirant cuenta a la Viuda Reposada.) De este modo, pues, con el examen de un solo episodio de este libro clásico, comprobamos que los recursos y procedimientos que muchas veces parecen invenciones modernas por el uso vistoso que hacen de ellos los escritores contemporáneos, en verdad forman parte del acervo novelesco, pues los usaban ya con desenvoltura los narradores clásicos. Lo que los modernos han hecho, en la mayoría de los casos, es pulir, refinar o experimentar con nuevas posibilidades implícitas en unos sistemas de narrar que surgieron a menudo con las más antiguas manifestaciones escritas de la ficción.

Quizás valdría la pena, antes de terminar esta carta, hacer una reflexión general, válida para todas las novelas, respecto a una característica innata del género de la cual se deriva el procedimiento de la caja china. La parte escrita de toda novela es sólo una sección o fragmento de la historia que cuenta: ésta, desarrollada a cabalidad, con la acumulación de todos sus ingredientes sin excepción —pensamientos, gestos, objetos, coordenadas culturales, materiales históricos, psicológicos, ideológicos, etcétera, que presupone y contiene la historia *total*— abarca un material infinitamente más amplio que el explícito en el texto y que novelista alguno, ni aun el más profuso y caudaloso y con menos sentido de la economía narrativa, estaría en condiciones de explayar en su texto.

Para subrayar este carácter inevitablemente parcial de todo discurso narrativo, el novelista Claude Simon —quien de este modo quería ridiculizar las pretensiones de la literatura «realista» de reproducir la realidad— se valía de un ejemplo: la descripción de una cajetilla de cigarrillos Gitanes. ¿Qué elementos debía incluir aquella descripción para ser realista?, se preguntaba. El tamaño, color, contenido, inscripciones, materiales de que esa envoltura consta, desde luego. ¿Sería eso suficiente? En un sentido totalizador, de ninguna manera. Haría falta, también, para no dejar ningún dato importante fuera, que la descripción incluyera un minucioso informe sobre los procesos industriales que están detrás de la confección de ese paquete y de los cigarrillos que contiene, y, por qué no, de los sistemas de distribución y comercialización que los trasladan del productor hasta el consumidor. ¿Se habría agotado de este modo la descripción *total* de la cajetilla de Gitanes? Por supuesto que no. El consumo de cigarrillos no es un hecho aislado, resulta de la evolución de las costumbres y la implantación de las modas, está entrañablemente conectado con la historia social, las mitologías, las políticas, los modos de vida de la sociedad; y, de otro lado, se trata de una práctica —hábito o vicio— sobre la que la publicidad y la vida económica ejercen una influencia decisiva, y que tiene unos efectos determinados sobre la salud del fumador. De donde no es difícil concluir, por este camino de la demostración llevada a extremos absurdos, que la descripción de cualquier objeto, aun el más insignificante, alargada con un sentido totalizador, conduce pura y simplemente a esa pretensión utópica: la descripción del universo.

De las ficciones podría decirse, sin duda, una cosa parecida. Que si un novelista, a la hora de contar una historia, no se impone ciertos límites (es decir, si no se resigna a esconder ciertos datos), la historia que cuenta no tendría principio ni fin, de alguna manera llegaría a conectarse con todas las historias, ser aquella quimérica totalidad, el infinito universo imaginario donde coexisten visceralmente emparentadas todas las ficciones.

Ahora bien. Si se acepta este supuesto, que una novela —o, mejor, una ficción escrita— es sólo un segmento de la historia total, de la que el novelista se ve fatalmente obligado a eliminar innumerables datos por ser superfluos, prescindibles y por estar implicados en los que sí hace explícitos, hay de todas maneras que diferenciar aquellos datos excluidos por obvios o inútiles, de los datos escondidos a que me refiero en esta carta. En efecto, *mis* datos escondidos no son obvios ni inútiles. Por el contrario, tienen funcionalidad, desempeñan un papel en la trama narrativa, y es por eso que su abolición o desplazamiento tienen efectos en la historia, provocando reverberaciones en la anécdota o los puntos de vista.

Finalmente, me gustaría repetirle una comparación que hice alguna vez comentando *Santuario* de Faulkner. Digamos que la historia *completa* de una novela (aquella hecha de datos consignados y omitidos) es un cubo. Y que cada novela particular, una vez eliminados de ella los datos superfluos y los omitidos deliberadamente para obtener un determinado efecto, desprendida de ese cubo adopta una forma determinada: ese objeto, esa escultura, reflejan la originalidad del novelista. Su forma ha sido esculpida gracias a la ayuda de distintos instrumentos, pero no hay duda de que uno de los más usados y valiosos para esta tarea de eliminar ingredientes hasta que se delinea la bella y persuasiva figura que queremos, es la del dato escondido (si no tiene usted un nombre más bonito que darle a este procedimiento).

Un abrazo y hasta la próxima.

138

XI

LOS VASOS COMUNICANTES

Querido amigo:

Me gustaría, para que habláramos de este último procedimiento, los «vasos comunicantes» (después le explicaré en qué sentido hay que tomar lo de último), que releyéramos juntos uno de los más memorables episodios de *Madame Bovary*. Me refiero a los «comicios agrícolas» (Capítulo VIII de la segunda parte), una escena en la que, en verdad, tienen lugar dos (y hasta tres) sucesos diferentes, que, narrados de una manera trenzada, van recíprocamente contaminándose y en cierto modo modificándose. Debido a esa conformación, los distintos sucesos, articulados en un sistema de vasos comunicantes, intercambian vivencias y se establece entre ellos una interacción gracias a la cual los episodios se funden en una unidad que hace de ellos algo distinto de meras anécdotas yuxtapuestas. Hay vasos comunicantes cuando la unidad es algo más que la suma de las partes integradas en ese episodio, como ocurre durante los «comicios agrícolas».

Allí tenemos, entrelazadas por el narrador, la descripción de esa feria o fiesta rural en que los agricultores exhiben productos y animales de sus granjas, celebran festejos, las autoridades pronuncian discursos e implantan medallas, y, al mismo tiempo, en los altos del Ayuntamiento, en la «sala de las deliberaciones» —desde donde se divisa aquella feria— Emma Bovary escucha las encendidas palabras de amor con que Rodolphe, su galán, la enamora. La seducción de Madame Bovary por el noble galán es completamente autosuficiente como anécdota narrativa, pero, entrelazada como está con el discurso del consejero Lieuvain, se establece una connivencia entre ella y los menudos incidentes de la feria. El episodio adquiere otra dimensión, otra textura, y lo mismo se puede decir de esa festividad colectiva que tiene lugar al pie del balcón donde los inminentes amantes intercambian sus amorosas razones, ya que, gracias a este episodio intercalado, resulta menos grotesca y patética de lo que sería sin la presencia de ese filtro sensible, amortiguador del sarcasmo. Estamos, aquí, ponderando una delicadísima materia, que no tiene que ver con los hechos escuetos, sino con las atmósferas sensibles, con la emotividad y los perfumes psicológicos que emanan de la historia, y es en este dominio donde, bien empleado, el sistema de organización de la materia narrativa en vasos comunicantes, resulta más efectivo, como en los «comicios agrícolas» de *Madame Bovary*.

140

Toda la descripción de la feria agrícola es de un implacable sarcasmo, que subraya hasta la crueldad aquella estupidez humana (la *bêtise*) que fascinaba a Flaubert y que en el episodio alcanza su apogeo con la viejecilla Catherine Leroux, a la que han premiado por sus cincuenta y cuatro años de trabajo semianimal, anunciando que entregará todo el dinero del premio al cura para que diga misas por su salud espiritual. Si los pobres granjeros parecen, en esta descripción, hundidos en rutinas embrutecedoras que los despojan de sensibilidad e imaginación y hacen de ellos unas aburridas figuras pedestres y convencionales, todavía peores resultan las autoridades, gárrulos personajillos flamantes de ridículo que presiden los comicios agrícolas y en quienes la hipocresía, la doblez del alma, parece el rasgo primordial, como lo denotan las frases huecas y estereotipadas del discurso del consejero Lieuvain. Ahora bien, este cuadro tan negro y despiadado, que roza la inverosimilitud (es decir, el nulo poder de persuasión del episodio), sólo aparece cuando analizamos los comicios agrícolas disociados de la seducción a la que está visceralmente unido en la novela. En verdad, engarzado en el otro episodio, la ferocidad sarcástica queda considerablemente rebajada por efecto de esa presencia que va como sirviendo de válvula de escape a la ironía vitriólica. Ese elemento sentimental, amoroso, delicado, que introduce en él la escena de la seducción, establece un sutil contrapunto gracias al cual brota la verosimilitud. Y, por su parte, la ironía caricatural y jocosa, el elemento risueño de la fiesta rural, tiene también, de manera recíproca, un efecto moderador, corrector de los excesos de sentimentalismo —sobre todo retórico— que adornan el episodio de la seducción de Emma. Sin la presencia de ese poderoso factor «realista» que es la presencia de esos granjeros con sus vacas y cerdos allí abajo, ese diálogo en el que chisporrotean los clisés y lugares comunes del vocabulario romántico, se disolvería quizás en la irrealidad. Gracias al sistema de vasos comunicantes que los funde, las aristas que podían haber empobrecido el poder de persuasión de cada episodio han sido limadas y la unidad narrativa se ha enriquecido más bien con aquella amalgama que dota al conjunto de rica y original consistencia.

Todavía es posible establecer, en el seno de ese todo así conformado mediante los vasos comunicantes —que une la fiesta rural y la seducción— otro contrapunto sutil, al nivel retórico, entre los discursos del alcalde —allí abajo— y el romántico discurso en el oído de Emma que pronuncia el seductor. El narrador entrelaza ambos con el objetivo (plenamente logrado) de que la trenza de ambos discursos —que despliegan cada cual abundantes estereotipos de orden político o romántico— se amortigüen respectivamente, introduciendo en el relato una perspectiva irónica, sin la cual el poder de persuasión se reduciría al mínimo o desaparecería. Así pues, en los «comicios agrícolas» podemos decir que dentro de los vasos comunicantes generales hay encerrados otros, particulares, que reproducen, en la parte, la estructura global del episodio.

Ahora sí podemos intentar una definición de los vasos comunicantes. Dos o más episodios que ocurren en tiempos, espacios o niveles de realidad distintos, unidos en una totalidad narrativa por decisión del narrador a fin de que esa vecindad o mezcla los modifique recíprocamente, añadiendo a cada uno de ellos una significación, atmósfera, simbolismo, etcétera, distinto del que tendrían narrados por separado. La mera yuxtaposición no es suficiente, claro está, para que el procedimiento funcione. Lo decisivo es que haya «comunicación» entre los dos episodios acercados o fundidos por el narrador en el texto narrativo. En algunos casos, la comunicación puede ser mínima, pero si ella no existe no se puede hablar de vasos comunicantes, pues, como hemos dicho, la unidad que esta técnica narrativa establece hace que el episodio así constituido sea siempre algo más que la mera suma de sus partes.

Quizás el caso más sutil y arriesgado de vasos comunicantes se encuentre en *The Wild Palms*, de William Faulkner, novela en la que se cuentan, en capítulos alternados, dos historias independientes, la de una trágica historia de amor pasión (unos amores adúlteros, que terminan mal) y la de un prisionero al que una catástrofe natural semi apocalíptica —una inundación que convierte en ruinas una vasta comarca— lleva a realizar una increíble proeza para regresar a la prisión donde las autoridades, como no saben qué hacer con él, lo condenan a más años de cárcel ¡por tentativa de fuga! Estas dos historias no llegan nunca a entremezclarse anecdóticamente, aunque, en la historia de los amantes en algún momento se alude a la inundación y al penado; sin embargo, por su vecindad física, el lenguaje del narrador y un cierto clima desmesurado —en la pasión en un caso, en el desborde de los elementos y la integridad suicida que anima al prisionero en su hazaña por cumplir con su palabra de regresar a la prisión— llegan a establecer entre ambas una suerte de parentesco. Lo dijo Borges, con la inteligencia y precisión que nunca le faltaban cuando ejercitaba la crítica literaria: «Dos historias que nunca se confunden pero de alguna manera se complementan.»

Una variante interesante de vasos comunicantes es la que ensaya Julio Cortázar en *Rayuela*, novela que, como usted recordará, transcurre en dos lugares, París *(Del lado de allá)* y Buenos Aires *(Del lado de acá)*, entre los cuales es posible establecer una cierta cronología verista (los episodios parisinos preceden a los porteños). Ahora bien, el autor ha puesto una nota, al principio, dando al lector dos distintas lecturas posibles del libro: una, llamémosla tradicional, empezando por el capítulo uno y así sucesivamente según el orden regular, y otra, saltando entre capítulos según una numeración diferente que aparece indicada al final de cada episodio. Sólo si se opta por esta segunda posibilidad se lee todo el texto de la novela; si se opta por el primero, todo un tercio de *Rayuela* queda excluido. Este tercio —*De otros lados. (Capítulos prescindibles)*— no está formado por episodios creados por Cortázar ni narrados por sus narradores; se trata de textos ajenos, de citas, o,

144

cuando son de Cortázar, de textos autónomos, sin relación directa y anecdótica con la historia de Oliveira, la Maga, Rocamadour y demás personajes de la historia «realista» (si no resulta incongruente usar este término para *Rayuela*). Son *collages*, que, en esta relación de vasos comunicantes con los episodios propiamente novelescos referidos a ellos, pretenden añadir una dimensión nueva —que podríamos llamar mítica, literaria, un nivel retórico— a la historia de *Rayuela*. Ésta es, clarísimamente, la intencionalidad del contrapunto entre los episodios «realistas» y los *collages*. Cortázar ya había utilizado este sistema en su primera novela publicada, *Los premios*, donde, entremezclados a la aventura de los pasajeros del barco que es escenario de la acción, aparecían unos monólogos de Persio, de extraña factura, reflexiones de índole abstracta, metafísica, a veces algo abstrusos, cuya intención era añadir una dimensión mítica a la historia «realista» (también en este caso, como siempre en Cortázar, hablar de realismo resulta inevitablemente inadecuado).

Pero es sobre todo en algunos cuentos donde Cortázar utiliza con verdadera maestría el procedimiento de los vasos comunicantes. Permítame recordarle esa pequeña maravilla de orfebrería técnica que es «La noche boca arriba». ¿Lo tiene en la memoria? El personaje, que ha sufrido un accidente en su moto en una calle de una gran ciudad moderna —sin duda, Buenos Aires— es operado y en la cama de hospital donde convalece se traslada, en lo que al principio parece una mera pesadilla, a través de una muda temporal, a un México prehispánico, en plena «guerra florida», cuando los guerreros aztecas salían a cazar víctimas humanas para sacrificar a sus dioses. El relato avanza, a partir de allí, mediante un sistema de vasos comunicantes, de manera alternativa, entre la sala del hospital donde el protagonista convalece, y la remota noche prehispánica, en la que, convertido en un moteca, primero huye y, luego, cae en manos de sus perseguidores aztecas, quienes lo llevan a la pirámide (el teocalli) donde, con otros muchos, será sacrificado. El contrapunto se lleva a cabo a través de sutiles mudas temporales en las que, de manera podríamos decir subliminal, ambas realidades —el hospital contemporáneo y la jungla prehispánica— se van acercando y como contaminando. Hasta que, en el cráter del final —otra muda, esta vez no sólo temporal, también de nivel de realidad—, ambos tiempos se funden, y el personaje es, en verdad, no el motociclista operado en una ciudad moderna, sino un primitivo moteca, que, instantes antes de que el sacerdote le arranque el corazón para aplacar a sus dioses sanguinarios, tiene la premonición visionaria de un futuro con ciudades, motos y hospitales.

Un relato muy parecido, aunque estructuralmente mucho más complejo y en el que Cortázar utiliza los vasos comunicantes de manera todavía más original, es esa otra joya narrativa: «El ídolo de las Cícladas.» También en este relato la historia transcurre en dos realidades temporales, una contemporánea y europea —una islita griega, en las Cícladas, y un taller de escultura en las afueras de París— y

cinco mil años atrás cuando menos, en esa civiliza-
ción primitiva del Egeo, hecha de magia, religión,
música, sacrificios y ritos que los arqueólogos tratan
de reconstruir a partir de los fragmentos —utensilios,
estatuas— que han llegado hasta nosotros. Pero, en
este relato, esa realidad pasada se infiltra en la presente de manera más insidiosa y discreta, a través,
primero, de una estatuilla venida de allí, que dos
amigos, el escultor Somoza y el arqueólogo Morand,
encontraron en el valle de Skoros. La estatuilla —dos
años después— está en el taller de Somoza, quien ha
hecho muchas réplicas, no sólo por razones estéticas,
sino porque piensa que, de este modo, puede trans-
migrarse a sí mismo hacia aquel tiempo y aquella
cultura que produjo la estatuilla. En el encuentro de
Morand y Somoza, en el taller de éste, que es el presente del relato, el narrador parece insinuar que Somoza ha enloquecido y que Morand es el cuerdo.
Pero, de pronto, en el prodigioso final, en que éste
termina matando a aquél y perpetrando sobre el cadáver los viejos rituales mágicos y disponiéndose a
sacrificar del mismo modo a su mujer Thérèse, descubrimos que, en verdad, la estatuilla se ha posesio-
nado de los dos amigos, convirtiéndolos en hombres
de la época y cultura que la fabricaron, una época
que ha irrumpido violentamente en ese presente moderno que creía haberla enterrado para siempre. En
este caso, los vasos comunicantes no tienen el rasgo
simétrico que en «La noche boca arriba», de orde-
nado contrapunto. Aquí, son más bien incrustaciones
espasmódicas, pasajeras, de ese remoto pasado en la

modernidad, hasta que, en el magnífico cráter final, cuando vemos el cadáver de Somoza desnudo con el hacha clavada en la frente, la estatuilla embadurnada con su sangre, y a Morand, desnudo también, oyendo enloquecida música de las flautas y con el hacha levantada esperando a Thérèse, advertimos que ese pasado ha colonizado enteramente al presente, entronizando en él su barbarie mágica y ceremonial. En ambos relatos, los vasos comunicantes, asociando dos tiempos y culturas diferentes en una unidad narrativa, hacen surgir una realidad nueva, cualitativamente distinta a la mera amalgama de las dos que en ella se funden.

Y, aunque le parezca mentira, creo que con la descripción de los vasos comunicantes podemos poner punto final a los recursos o técnicas principales que sirven a los novelistas para armar sus ficciones. Tal vez haya otros, pero, yo al menos, no los he encontrado. Todos los que me saltan a la vista (la verdad es que tampoco ando buscándolos con una lupa, porque a mí lo que me gusta es leer novelas, no autopsiarlas), me dan la impresión de poder filiarse en alguno de los métodos de composición de las historias que han sido objeto de estas cartas.

Un abrazo.

XII

A MANERA DE POSTDATA

Querido amigo:

Unas cuantas líneas solamente, para reiterarle, a modo de despedida, algo que le he dicho ya tantas veces en el curso de esta correspondencia, en la que, banderillado por sus estimulantes misivas, he intentado describir algunos recursos de que se valen los buenos novelistas para dotar a sus ficciones de ese hechizo al que caemos rendidos los lectores. Y es que la técnica, la forma, el discurso, el texto, o como quiera llamársele —los pedantes han inventado numerosas denominaciones para algo que cualquier lector identifica sin el menor problema— es un todo irrompible, en el que separar el tema, el estilo, el orden, los puntos de vista, etcétera, equivale a realizar una disección en un cuerpo viviente. El resultado es, siempre, aun en los mejores casos, una forma de homicidio. Y un cadáver es una pálida y tramposa reminiscencia del ser vivo, en movimiento y plena creatividad, no invadido por la rigidez ni indefenso ante el avance de los gusanos.

¿Qué quiero decirle con esto? No, desde luego, que la crítica sea inútil y prescindible. Nada de eso. Por el contrario, la crítica puede ser una guía valiosísima para adentrarse en el mundo y las maneras de un autor, y, a veces, un ensayo crítico constituye en sí mismo una obra de creación, ni más ni menos que una gran novela o un gran poema. (Sin más, le cito estos ejemplos: *Estudios y ensayos gongorinos*, de Dámaso Alonso; *To the Finland Station*, de Edmund Wilson; *Port Royal*, de Sainte-Beuve y *The Road to Xanadu*, de John Livingston Lowes: cuatro tipos de crítica muy distinta pero igualmente valiosa, iluminadora y creativa.) Pero, al mismo tiempo, me parece importantísimo dejar en claro que la crítica por sí sola, aun en los casos en que es más rigurosa y acertada, no consigue agotar el fenómeno de la creación, explicarlo en su totalidad. Siempre habrá en una ficción o un poema logrados un elemento o dimensión que el análisis crítico racional no logra apresar. Porque la crítica es un ejercicio de la razón y de la inteligencia, y en la creación literaria, además de estos factores, intervienen, y a veces de manera determinante, la intuición, la sensibilidad, la adivinación, incluso el azar, que escapan siempre a las redes de la más fina malla de la investigación crítica. Por eso, nadie puede enseñar a otro a crear; a lo más, a escribir y leer. El resto, se lo enseña uno a sí mismo tropezando, cayéndose y levantándose, sin cesar.

Querido amigo: estoy tratando de decirle que se

olvide de todo lo que ha leído en mis cartas sobre la forma novelesca y de que se ponga a escribir novelas de una vez.

Mucha suerte.

Lima, 10 de mayo de 1997.

Índice onomástico y de obras

155